跨文化交际理论与实践研究

蒋　挺◎著

文化发展出版社
Cultural Development Press
·北京·

图书在版编目（CIP）数据

跨文化交际理论与实践研究 / 蒋挺著 . — 北京 ：文化发展出版社，2023.10
ISBN 978-7-5142-4160-0

Ⅰ . ①跨… Ⅱ . ①蒋… Ⅲ . ①文化交流－研究 Ⅳ . ① G115

中国国家版本馆 CIP 数据核字（2023）第 212916 号

跨文化交际理论与实践研究

蒋　挺　著

出 版 人：宋　娜
责任编辑：侯　娜　　　　责任校对：马　瑶
责任印制：杨　骏　　　　封面设计：守正文化
出版发行：文化发展出版社（北京市翠微路 2 号　邮编：100036）
网　　址：www.wenhuafazhan.com
经　　销：全国新华书店
印　　刷：天津和萱印刷有限公司

开　　本：710mm × 1000mm　1/16
字　　数：200 千字
印　　张：11.5
版　　次：2024 年 9 月第 1 版
印　　次：2024 年 9 月第 1 次印刷

定　　价：72.00 元
I S B N：978-7-5142-4160-0

前　言

语言作为文化的重要组成部分，亦是文化的基础。虽然语言的工具性价值是第一位的，但语言的文化性价值也在日益凸显，文化的传承和推广、文化的发展和交流在一定程度上促进了跨文化交际的兴起。因为各个国家所使用的语言不同，文化背景、文化内涵也有所不同，为了使交际双方可以准确表达自己的情感并理解对方的用意，就必须深入挖掘和研究双方所使用的语言。

全书共七章。第一章为绪论，主要阐述了文化与交际、跨文化交际的内涵、跨文化交际的分类、跨文化交际的主要理论、跨文化交际的发展历程等内容；第二章为中西方文化的差异，主要阐述了中西方习俗文化差异、中西方思维方式差异、中西方价值观念差异、中西方饮食文化差异、中西方时空观念差异等内容；第三章为跨文化交际的影响因素，主要阐述了文化因素、环境因素、心理因素等内容；第四章为跨文化交际中的语言交际，主要阐述了语言交际概述、语言交际的构成要素、跨文化语用下的语言交际等内容；第五章为跨文化交际中的非语言交际，主要阐述了非语言交际相关理论、非语言交际的分类、非语言交际的功能等内容；第六章为跨文化交际面临的障碍与对策，主要讲述了跨文化交际面临的障碍、跨文化交际障碍的解决等内容；第七章为跨文化交际视角下的人际交往，主要阐述了跨文化交际视角下的人际关系、跨文化交际视角下的交往习俗、跨文化交际视角下的公共礼仪、跨文化交际视角下的商务礼仪等内容。

在撰写本书的过程中，笔者借鉴了国内外很多相关的研究成果，在此对相关学者、专家表示诚挚的感谢。

由于笔者水平有限，书中难免存在不足之处，在此恳切地希望各位同行专家和读者朋友予以斧正。

目录

第一章　绪论

随着世界经济全球化以及文化多元化的发展，跨文化交际活动得以蓬勃发展，世界各国人民之间的联系愈加紧密。现在，语言已经不再是阻碍不同国家和民族的人们交往的障碍，能否理解并接受异族文化成了影响各国有效交往的重要因素。具备跨文化交际能力和视野变得十分重要，文化与交际之间的关系越发紧密。因此，本章将对文化、交际以及跨文化交际的相关理论进行详细说明。本章分为文化与交际、跨文化交际的内涵、跨文化交际的分类、跨文化交际的主要理论和跨文化交际的发展历程五部分。

第一节　文化与交际

一、文化

（一）文化的定义

文化是历史的结晶，是通过积累逐渐形成的，是人类在社会实践中创造出来的精神和物质财富。文化的定义有广义与狭义之分：广义上是指人类社会实践过程中所获得的物质、精神的生产力和创造的物质、精神财富的总和；狭义上是指精神生产力和精神产品，包括一切社会意识形态，即自然科学、技术科学和社会意识形态，有时又专指教育、科学、文学、艺术、卫生、体育等方面的知识与设施。

（二）文化的特征

第一，文化具有社会性。文化是人们在长期的生活和生产活动中形成的一种习惯，并逐步成为一种社会准则。

第二，文化是继承的。也就是说，文化不是人类与生俱来的习惯，而是在成长过程中积累和获得的知识，可通过传递获得。

第三，文化是系统的。也就是说，文化不是静态的，而是动态的。在一个错综复杂的结构中，文化的各成分之间存在着密切的关系，它们之间既相互作用又互相依赖。即使历史会改变，文化也总能充实自己。

第四，文化是多样的。就整个人类社会来看，不同时期与不同人群会产生各种各样的文化，因此文化具有多样性。世界各地的文化生成与发展的条件不尽相同。人们来自五湖四海，地区间的自然环境、社会环境有很大的差别，因而人们的生活方式、思维方式和行为方式也都千差万别。因此，文化的多样性又决定了文化具有差异性。

第五，文化具有同一性。文化的同一性是指所有民族和地区文化的共同特征。例如，提到鸽子，人们想到的就是和平。在长期的发展中，文化之间相互影响、借鉴、吸收，形成一种难以割裂的相互联系，并且在各种文化之间形成了共同的、普遍的属性，这就是文化的同一性。

（三）文化的分类

很多学者都对文化的分类进行了研究，并从不同的角度出发提出了不同的观点，这些观点既有独特之处，也有相通之处。总结而言，文化有以下几种分类方法。

1. 按内涵特点划分

根据内涵的特点，文化可分为知识文化和交际文化。

（1）知识文化

所谓知识文化，指的是两个不同文化背景培养出来的人进行交际时，对某词、某句的理解和使用不产生直接影响的文化背景知识。跟“交际文化”相比，这种背景知识最大的特点是，不直接影响交际效果。这种文化多为常识性的知识，如地理知识、历史知识、民风民俗知识、传统艺术知识等。

（2）交际文化

两种不同文化背景熏陶下的人，在交际时，由于缺乏有关某词、某句的文化背景知识而产生误解的文化知识，我们称之为交际文化。它是两种文化背景的人进行交际时直接产生影响的言语中所蕴含的文化信息。

交际文化应该包括语言交际文化和非语言交际文化两种类型，具体划分如表1-1所示。

表 1-1 交际文化分类

类型		实例
语言交际文化	是否被禁止的语言文化行为	汉语是可行的，英语中是禁止的：问年龄、问收入、问私事
		英语里是可行的，汉语里是禁止的：如直呼长辈姓名
	积极的文化行为	称谓：尊称、昵称、贱称、正规、一般等称谓的变体形式
		敬语：如贵院、贵系
		谦语：接受表扬和感谢时使用的，自我评价时使用的
		套语：如久仰，好久不见
		礼貌与非礼貌：如您错了 / 胡说
		委婉语：如死（去了，走了）
	语言意义相同文化意义不同	数量词：如一把、一条、一本
		颜色词：如蓝色、绿色
		比喻用词：植物词、动物词、人物词、历史词、建筑词等；大致可分为两种：自然用词和社会用词
		招呼语：如干什么去?
		问候：好。
		告别：如你慢走。
	文化词（中高级阶段更突出）	成语、典故：如望梅止渴
		歇后语：如八仙过海——各显神通
		惯用语：如绊脚石
		俚语：如蔫儿坏、贫嘴
非语言交际文化	体态语	空间、距离、手势、眼势、腿势、头势、接吻、拥抱、握手
	颜色	红、白、黑、紫、绿、蓝、黄、青
	社交礼俗	送礼 / 受礼的方式、服饰、邀请、访问、招待、宴会、聚会、约会、赴约
	日常生活	购物、付款、娱乐、起居、时间安排

2. 按表现形式划分

按照文化的表现形式，可以将文化分为物质文化、制度文化和精神文化。

（1）物质文化

物质文化是指为了满足人类生存和发展需要所创造的物质产品及其所表现的文化，包括饮食、服饰、建筑、交通、生产工具以及乡村、城市等，是人类发明创造的技术和物质产品的显示存在和组合。不同物质文化状况反映不同的经济发展阶段以及人类物质文明的发展水平。物质文化不单指“物质”，更重要的是强调一种文化或文明状态。

（2）制度文化

制度文化是贯穿于人类社会生活各个层面的宏观思想观念。制度文化是由潜藏的思想和外在的制度构成的，它是对历史和文化本质的承袭和发展。制度文化是一种制度的思想体系及其相应的社会规范、制度、组织机构、设施等的总和，它既具有更高的强制性，又含有风俗习惯、道德等一般的社会规范。制度文化不仅拥有文化的共性及本身文化的特殊性，还具有时代性，随着社会历史的发展而变化。

制度文化是文化的组成部分，是人类用以调节内部关系的组织手段，借此对自己的行为加以协调去应对客观世界，如规章制度、法规等都属于制度文化。

（3）精神文化

一般来讲，“精神”的释义为人的意识、思维活动和一般心理状态，而“文化”的释义为人类在社会历史发展过程中所创造的物质财富和精神财富的总和，有时也特指精神财富，如文学、艺术、教育、科学等。

结合相关学者的定义及表现，可以认为精神文化是人类在长期的社会生产实践中形成的，具有一定特色的精神生产全部成果的总和。具体表现为两个方面：一是社会生产实践过程中产生的观念形态成果，包括地方文化、宗教信仰、科学理论、传统习惯等，一般是具有可传播性的理论知识或民俗文化；二是社会生产实践过程中所产生的意识要素及行为样式，包括人的情感、意识、思维方式、价值观念及行为动机等。

精神文化是文化的内核部分，它是人类完善自我和实现价值的知识手段，哲学、艺术、文学、习俗等都属于精神文化。

3. 按层次高低划分

根据层次的高低，文化可分为高层文化、大众文化和深层文化。

（1）高层文化

高层文化是指历史、哲学、文学、艺术等较为高雅的文化，又称“精英文化”。高层文化被认为是来自学界的文化，其生产传播主体集中在精英群体（包括专家教授、知名人士、文化学者、艺术家、科技工作者、商界名流等）。

（2）大众文化

大众文化是以商品市场规律为运作原则、凭借大众传媒进行传播的、使人民群众获得感性愉悦的文化形态。结合当代中国文化实际，“大众文化”主要是指现代意义上的与精英文化和主导文化等相并存的文化形态，主要是指伴随经济全球化、工业化、城市化、市场化、数字化和网络化进程出现的，为满足普通民众日常生活的精神文化需求进行生产，并通过商业化运作和现代传媒传播，由众多人群消费的通俗性文化产品和相关文化活动。

从大众文化活动方面来看，大众文化是一种可以被人们共享的文化。大众文化生产的目的是“满足普通民众日常生活的精神文化需求”。

首先，大众文化必须面向大众生活，是一种与大众日常生活密切相关的通俗性文化，反映了普通民众的日常生活经验和情感等，是容易被普通民众所认知、理解和接受的文化，具有享受文化的低门槛性，进而能够促进文化的民主化，实现文化共享。

其次，文化的核心是价值观，反映在大众文化上，就是大众文化必须面向大众，尊重和弘扬人们普遍认同的价值观，歌颂真善美、鞭挞假恶丑。

再次，民众日常生活的精神文化需求具有多层次性和多样性，这种需求决定了大众文化不仅是具有多样性特征的文化形态，在价值实现（价值功能）上还应该有多样化的功能，如娱乐功能、教化塑造功能等，但最根本的是大众文化的文化育人的价值引领功能，即塑造健全人格，培育大众奋发进取、理性平和、开放包容的社会心态，为人的自由全面发展创造条件。大众文化价值功能的实现，需要依靠大众文化生产、传播和消费等文化活动来实现，尤其是大众通过消费高质量的文化产品来实现。作为当今中国的现实，大众文化是产量最大、受众最多、影响最广的文化形态，甚至可以说“几乎没有人可以逃脱大众文化的影响”。

最后，参与大众文化消费的人群众多。换言之，大众文化的接受群体和参与群体（统称“受众”）比较广泛，并不仅仅局限于普通民众，还包括各类精英人群等。大众文化成为众多人群共有的、可以共同交流的公共场域，成为人们的共享性文化。

关于大众文化的表现形式，即大众文化的外延。可以说，大众文化是一个多样的、具体的、丰富的、复杂的系统。不同的学者根据自身的研究需要，按照不同的分类标准，把大众文化分成不同的形式。按大众媒介出现的先后顺序来分，大众文化大致可以分为通俗文学、电影、电视、流行歌曲、网络游戏、网络小说等文化样式。就生活方式的角度而言，大众文化大致可以划分为衣、食、住、用、行方面的大众文化形式，如流行服装文化、饮食快餐文化、家装文化、广场舞文化、旅游文化等。从文化活动方面划分，主要包括大众文化生产、大众文化传播和大众文化消费等环节。大众文化本身的复杂性导致学界对大众文化的形式进行科学划分存在着很大的困难，要将大众文化的所有形式予以穷尽似乎根本不可能。因此，学界也主要是对日常生活中那些比较普遍的某个或某几个大众文化类型进行深入研究。

一般来讲，可以以当今中国文化的角度观察上述大众文化概念所表现的一般特征，进而更深入地了解大众文化这个研究对象。这些特征主要包括文化性、商业性、日常生活性、通俗性、娱乐性、大众媒介性、技术性、国际性。

第一，文化性。大众文化的文化性，从某种程度上来讲，是实现大众文化持续健康发展的重要条件。大众文化的生产一方面要遵循市场供求规律，另一方面要生产出满足大众消费者文化需求的文化产品。只有才能拥有大众文化市场，实现价值增值和自身的和谐健康发展。那些满足大众消费者文化需求的文化产品，是具有文化属性和价值属性的文化产品。文化性是大众文化的一个重要特征，否则拥有市场的大众文化产品也终将因为其缺乏文化性和特定的文化价值观而丢掉市场。

第二，商业性。大众文化作为在资本主义发展过程中诞生和兴起的文化形式，也自然与资本主义的经济结构关系密切，它以“商品”的形式与民众产生最为广泛和普遍的联系，也因此难以摆脱商品的内在属性。大众文化的商品性，从形式上来说表现在它为了资本增殖这个核心目标而转变为抽象劳动，实现其“交换价值”的过程。

就大众文化在形式上服从于资本的需求，成为一类商品的意义来说，大众文化领域已然形成了庞大的文化产业体系，并且这逐渐使得各类文化活动和作品的具体意义被抽象价值所掩盖。首先，文化的商品化本就是当代大众文化生成和发展的前提；资本的扩张和工业化发展之路的必然结果之一就是一切过往的文化形式被纳入产业和市场的轨道，转变为统一的商品形式。不论是书籍报刊、影像声音还是传统的文学艺术和学界思想，抑或者体育、旅游和展览一类的活动，都成了可以用于交换的商品。就此，大众文化从商品化的文化领域之中诞生，并且为自己贴上了抽象劳动和交换价值的标签。

既然大众文化已然成为商品体系的一部分，它的抽象价值也就成了至关重要的属性，因为大众文化的诸多产品与服务在资本家眼中已然成了创造剩余价值的生产性劳动。这里需要说明的是，马克思（Karl Heinrich Marx）在《剩余价值学说史》中将资本主义时代的生产性劳动定义为与资本交换的，创造剩余价值的劳动。他举例指出，作家之所以是生产劳动者，并不是因为他生产出观念，而是因为他使出版他的著作的书商发财。由此可见，大众文化在资本的需求之下首先被量化为抽象劳动的成果和用于交换的价值，而其具体的使用价值和内容上的艺术性、观念与意义表达等因素反而显得不那么重要了。于是，大众文化的创作成了雇佣劳动和机械复制，其传播和消费过程则离不开对民众兴趣品味的诱导和哗众取宠的宣传推销。总体来说，在资本的主导之下，大众文化的商品形式统治了大众文化的具体内容，并造成了文化价值、人文精神相对衰减的社会局面。

而从当代大众文化内容的发展趋势来看，在商品形式的宰制下，资产阶级的价值观和社会理念也已经表现在了大众文化的“使用价值”中，成了它所表达意义的一部分。资本的内在价值、现实需求与意识形态在大众文化因素中日益显现，催生了具有商业效用或者功利性质的诸多文化产品与文化现象——它们维护和助推资本逻辑下的经济结构运转，激励竞争性的生产，创造出物与货币的崇拜价值，并且更要在当下推动人们日益着重关注着的消费环节，由此它们本身既完成了作为商品的使命，又在具体产品的意义上推动着商品体系的循环和运作。就好比德国批评家瓦尔特 · 本雅明（Walter Benjamin）在《单向街》里举例：19 世纪后期开始流行的侦探小说时常描写富豪的命案现场——摆满了“波斯地毯和无靠背矮沙发，高悬的油灯和珍贵的高加索短剑”的个人豪宅，彰显出当时资产阶级的富裕生活。那些对于丰裕物质生活、功利化的商业活动、精英群体处事方式等因素的描写，引发了人们对于资产阶级生活方式和观念的憧憬，不仅如此，关于商品的陈设、招牌和广告都成了大众文化在当今商业环境下的典型特质，表明了大众文化成了消费社会的重要环节，充当着引导大众消费活动和欲望的符号和意义载体，这也标志着大众文化的商品性特征的进一步深化。

综上所述，大众文化作为依托于资本运行的文化类别归根结底是摆脱不了商品体系和抽象劳动的制约的，并且资本的影响力和统治首先就表现在大众文化作为商品的一般形式之中，并且也逐步地影响着大众文化内容层面的具体表意和价值指向。大众文化在资本的主导下所具备的商品性特征，为它的一系列具体性质和发展路径奠定了基础。

第三，日常生活性和通俗性。大众文化不仅具备文化的一般特性，同时还有其自身的特性，即日常生活性和通俗性。大众文化面向的是大众的世俗生活，是以反映大众世俗的日常生活实践为内容的文化形态，表达的是日常生活中的那些尚未进行理论加工的大众心态和社会心理，是容易被普通民众所认知、理解和接受的文化，本质上讲是一种具有通俗性的市民文化。具体而言，大众文化把人们在日常生产、生活、交往活动中形成的与其个体生命直接相关的一系列经验、观念、感受、情感、价值观等，通过电视、网络等大众媒介向人们的私人生活空间拓展，供人们进行消费。于是，大众文化占领了精英文化和主导文化长期忽略甚至排斥的大众日常生活领域，将大众的日常生活及由此形成的情感、经验等作为主要反映对象，满足并滋养大众感官愉悦的精神需求，在一定程度上促成了人的主体性的生成。例如，20 世纪 80 年代初由台湾传来的“靡靡之音”，唱遍大陆大江南北，不但极大地改变了当时中国老百姓单调贫乏的文化生活，而且唤醒了人的主体性复苏。

此外，大众文化在很大程度上是以向私人生活空间拓展为存在形式的，以个人转变成大众为存在逻辑，表现为一种中性的大众消费，容易产生滥情、媚俗与低俗。例如，电视访谈节目、娱乐节目等充分展现人的个人化和个性化的倾向，甚至频频曝光人的隐私，将隐私公开化、公共化，而真正的共同关怀和公共话语却被淡漠、隐去等。因此，大众文化需要价值引领。

第四，娱乐性。大众文化作为用于人们日常生活经验和情感表达的文化形式，以感性愉悦为主要追求。因此，快乐原则是大众文化的一项重要原则和重要特征。大众文化作品总是追求娱乐效果，使大众获得轻松愉悦的精神满足。大众文化育人功能的实现，也需要依靠娱乐，在娱乐中达到“寓教于乐”的目的。在娱乐的大众文化环境的熏陶和沐浴下，人们的消遣娱乐需要得到满足，在现代社会环境中形成的精神压力得到缓解和释放，使人们在一定时间内获得了精神上的享受和相对自由，为人的自我展示、自我实现以及人的现代化提供了条件。从某种程度上讲，大众文化的娱乐性，也为社会稳定提供了帮助。但是，大众文化的“娱乐”在摆脱“教化”的依附地位而获得独立地位的同时，很容易步入享乐主义的误区，导致人们只关心如何花钱、如何享受，为社会发展进步带来隐患，造成享乐主义蔓延，产生“垮掉的一代”。这也是当年美国思想家丹尼尔·贝尔（Daniel Bell）对20世纪50年代的资本主义文化矛盾的揭示和批判。大众文化的娱乐性导致的享乐主义负面趋向，遮蔽了人们对真善美的追求，将不利于人的自我实现和发展。因此，在注重大众文化娱乐功能的同时，不仅要建立预防机制，抵制“娱乐至死”，还需要进行正确的价值观引领，防止过度娱乐化和低俗化倾向。

第五，大众媒介性。大众文化以大众媒介为主要传播载体。随着大众传媒娱乐功能的不断增强，大众文化获得了显著发展，人们的文化生活随之不断丰富和活跃。但是，大众媒介在传播大众文化产品的同时，部分媒体的价值导向出现了严重的偏差，娱乐功能被无限放大，为娱乐而娱乐，出现泛娱乐化倾向。

第六，技术性和国际性。随着文化生产力的不断提高，交通的便利，尤其是大众传媒技术的发达和更新换代，互联网和以智能手机为代表的移动网络技术的显著推进，大众口味和需求的变化速度随之不断加快且日益国际化，大众文化向全球拓展的速度和范围也随之加快加大。换言之，随着大众传播技术的更新换代，大众文化借助大众传播媒介实现跨时空的加速传播，形成大众文化在全球文化消费市场上的迅速流行和发展。大众文化的传播，加深了民族之间的相互往来，推动了不同文化之间的交往合作，深化了各国人民对人类共同利益的认识，有利于培育人们开发包容的社会心态和创建人类利益共同体。

总之，从大众文化的上述特征可以看出，大众文化是由诸多矛盾性特征组成的文化活动和文化产品。但这种矛盾性正说明大众文化要获得健康发展，需要价值引领，并且通过对大众文化的价值引领，实现文化育人的价值引领功能。

（3）深层文化

深层文化是指价值观、世界观、思维模式、情感态度等隐而不露并起着指导和决定作用的文化，又称“背景文化”。深层文化是不外现的，是内隐的，对大众文化有着重要的指导作用。

4. 按形成领域划分

根据文化的形成领域，可以分为民族文化、区域文化与阶层文化。

（1）民族文化

民族文化具体指的是各个民族在其自身的发展长河中，结合本民族自身特点所创造发展的文化。民族文化反映了一个国家发展的历史状态，反映了一个国家存在和发展的文化基础。食物、衣服、住所和生产资料、语言、文学、科学、艺术、哲学、宗教、风俗、节日和传统等都属于民族文化。其中，宗教在不同社会和历史时期的精神文化发展中扮演着不同的角色。

（2）区域文化

“区域”是指某一地区范围，而对于文化而言，从广义上说，除了受本能的驱使以外，人类有意识地作用于自然界和人类社会本身的一切活动及其结果都属于“文化”。“区域文化”是指因地理环境、自然条件的不同，在该地区范围内形成的与地理位置明显有关的文化。因此，区域文化具有差异性、区域性、累积性和稳定性的特征，其中差异性是区域文化的首要特征。

（3）阶层文化

不同阶层的职业和社会分工不同，其生活方式、文化活动等也会存在差别，因此就形成了各种各样的文化，也就是所谓的阶层文化。根据不同的分类方式而形成的阶层文化类型表如表 1-2 所示。

表 1-2　阶层文化类型表

分类方式	阶层文化类型
文化观	广义的阶层文化、中义的阶层文化、狭义的阶层文化
文化内容	主观意义的阶层文化、结构意义的阶层文化、拟剧意义的阶层文化、制度意义的阶层文化
阶层	工人阶级文化、农民阶级文化、中产阶层文化、精英阶层文化等
揭示的规律层次	特定型阶层文化、特殊型阶层文化、普遍型阶层文化
文化整合程度	阶层—个体双主动参与型文化、阶层—个体双被动参与型文化、阶层主动参与个体被动参与型文化、个体主动参与阶层被动参与型文化

5. 按对语境的依赖程度划分

根据对语境的依赖程度，文化可分为高语境文化与低语境文化两种。

（1）高语境文化

所谓高语境文化，是指严重依赖于语境，主要通过非语言符号进行交际的文化。在高语境文化中大部分的信息需要传播参与者与接受者通过环境推测出来，在传达过程中传达的信息少，隐含的信息多。高语境文化传播是螺旋形的，采用的是间接言语表达方式。在高语境文化中，意义说话者的言语或行为的内容在当时说话者的语境中被内化了。高语境文化依赖于非语言交流，并且根据交际方的情况或交际情况，交际者会在不知不觉中简化或缩短语言信息，而不是根据对方的社会地位等非语言因素直接解释自己的意图。例如，在外交领域，中国语言代表的高语境文化礼貌而含蓄，留有很多余地，存在言外之意。高语境文化交流寿命长，变化慢，不易受操控，具有高度稳定性。

（2）低语境文化

所谓低语境文化，是指较少依赖语境，主要借助语言符号进行交际的文化。低语境文化中信息内容由所传递的信息表达，不需要依赖环境去推测，大量的信息就在所传达的信息之中。低语境文化传播的言语表达方式较为直接，表现为明确的意义表述和价值取向，语言表述的字面含义作用十分突出，语言是交流的中心。低语境文化交流可以轻易和迅速地改变，容易受操控，具有非稳定性。

二、交际

（一）交际的定义

交际，源自拉丁语 commonis，有共同和共享的意思。在跨文化交际中，交际是最重要的因素之一。“交际”一词在现代汉语字典中的定义为“人际交往，或个体之间的交际和互动”。长期以来，不同的专家对交际有着不同的定义，虽然定义比较多样，但具体可以概括为以下两个方面：一方面，交际注重行为的来源，具有向他人传递相关信息的能力，并获得一定的结果；另一方面，在不同的情况下，无论行为是故意的还是无意的，一旦他们的行动对别人造成了一定的冲击，那么沟通就会被建立起来。

（二）交际的特征

一是互动性。在交流的过程中，每个参与者都有一定的价值，并且共同创造价值。在这个过程中，所有的个体都有发送和接收信息的能力，这种反应是双向的。

二是动态性。个体的交际行为是动态的，在交际过程中，通过编解码的方式获取彼此发送的信息，通信链路中的各个部件相互作用。

三是影响因素多样性。交际通常是在一个比较宽泛的接触框架内进行的，交际的人数、地点与做法在一定程度上决定了交际的成功与否。同时，交际场所的特点又使交际者在使用各种语言、参与各种活动时表现出各自的特点，可见，不同的交际场所表现出的交际方式和行为是不同的。同时，时间、人数等因素也会对交际起到一定的间接作用。

第二节　跨文化交际的内涵

一、跨文化交际的概念界定

（一）跨文化

从字面意义看，“跨文化”是指不同文化的跨越。

从学理上讲，“跨文化”指的是参与者在交际过程中在自己所掌握的本身文化和对方文化的基础上去了解对方的相处模式、思维习惯和行为习惯，从而达到跨文化交流的目的。

从文化学理论看，“跨文化”就是不相关的两种文化之间能够进行文化交流，互相之间实现文化认同，能够接纳对方的文化属性和文化价值。所谓“跨文化”，就是指跨越不同国家、不同民族界线的文化。

总结相关学者对跨文化的解释，可以将跨文化定义为：不同文化之间产生的碰撞，不仅包括了对本土文化的理解，更涵盖了对其他文化的理解和认同，从而形成了两种文化之间的共同发展和交互作用。

（二）跨文化交际

“跨文化交际”的英语名称包括 Inter-cultural communication 和 Cross-cultural communication 两种。前一个词侧重于强调跨文化交流之间的过程，而后一个词注重跨文化交流中的文化一词，但一般而言，相关学者对这两个词并不加以区分，当下前一个词使用较多。

有关跨文化交际的相关概念可以从狭义和广义两个层面进行理解。前者的关注点是具体性，指在跨文化交际中表现出的文化因素和大众问题。后者关注的是范围性，指不同文化之间进行的文化层面的交流。当前对跨文化交际的理解通常采用广义解释。因此，跨文化交际不仅是两种文化知识和语言的传递交流，还指在不同文化语言环境下的人与人之间的交往互动，包含了不同文化圈中不同人群的交流，即无接触的交流，如观看国外电影、欣赏国外的音乐等都是在进行跨文化交流。

跨文化交际属于独立的边缘学科，涉及交际学、文化学、社会学等多门学科，是一个综合、多维的概念，除了文化知识的跨越外，更重要的是思维、情感等方面的内容。总的来讲，可以将跨文化交际定义为具有不同文化背景的人从事交际的过程，包括跨文化知识和跨文化交际能力。

二、跨文化交际的特征

跨文化交际作为一门独立的学科，其最典型的特征就是学科的交叉性。在跨文化交际理论与实践研究中融入了认知学、语言学、文化学、社会学、心理学、人类学、哲学等学科的理念与思想。

作为语言文化学领域中的适用学科，跨文化交际侧重于研究不同文化背景下的参与者之间的交流。同时，它涵盖了至少两种文化的相似性和差异性。跨文化交际具有挑战性，如果处理不当的话，会引起交际者情感上的负面反应，从而造成交际的失败。在这种跨文化交流过程中语言和文化因素会对跨文化交际过程产生影响，文化对交际效果的影响有时并不次于语言对交际效果的影响。

根据跨文化交际必备的条件和要求，跨文化交际的达成必须具备下列条件。

①语言契约——实现交际信息的“共享性”。在跨文化交际中为了实现交际顺畅，交际双方必然要形成相应的语言契约，也就是说，在跨文化交际中交际双

方使用的不同语言符号系统所承载的信息具有一定的共性，可以实现交际的信息共通性。语言契约是顺利进行跨文化交际的必要条件。

②文化契约——实现交际信息的“共享性”。跨文化交际中所表达的内容和信息是交际参与者双方共享的，不同的语言系统对交际内容和信息的表达方式有所不同。所以，交际双方必然要形成相应的文化契约，即实现交际信息的共享。为此，在跨文化交际中一定要充分考虑并处理好影响跨文化交际交流效果的语言、文化、场景、语境、心理、社会及环境等因素，进而达成有效的跨文化交际。

③行为契约——实现交际行为的“一致性”。在进行跨文化交际的过程中，不仅语言符号系统所承载的信息具有一致性，而且交际行为所表现的信息也具有一致性。所以，为了达到交际目的，交际双方必须对影响人们行为规范的文化语境、交际语境、认知语境、上下文语境等因素进行正确的理解和掌握，进而达成交际双方的行为契约，实现交际行为的一致性。

④思维契约——实现民族文化定型的“适应性”。“定型”不仅是一种思维方式和行为方式，也是一种认知方式和表达方式。定型具有“民族性、文化性、地域性、群体性”等特点。定型包括社会定型、思维定型、行为定型、文化定型、民族文化定型、语言定型、交际定型等。据此理论，在跨文化交际中，如果交际双方没有很好地知晓对方的语言文化性和民族性、思维方式及群体意识，便会自然而然地利用本民族的定型文化去衡量或评价交际对方的交际行为，结果导致交际失误或文化冲突。可见，在交际中形成思维契约，即实现民族文化定型的适应性，才可以达成交际目的。

由以上分析可以得出结论：从语言文化学理论研究视角来看，跨文化交际既是一种理论学科，又是一种交际实践，也就是说跨文化交际不仅是一种“言语过程和语言使用过程”，也是一种“文化过程和文化适应过程”。

第三节　跨文化交际的分类

来自不同文化结构体系的人们之间的交际都属于跨文化交际。但根据不同的标准和要求，跨文化交际的分类也不同。

一、按跨文化交际范畴的不同划分

按照跨文化交际范畴的不同可以分为“宏观跨文化交际”和“微观跨文化交际”两种。

“宏观跨文化交际”是指国际性的跨文化交际，即跨国界的不同的民族、种族之间的交际。例如，中国人与美国人之间的交际。

“微观跨文化交际”是指同一国家内来自不同文化圈的人们之间的交际，包括同一国家内来自习俗不同的民族、种族、地域的人们之间的交际。例如，同在中国的汉族人与回族人之间的交际。

二、按交际群体的不同划分

按照交际群体的不同可以分为“文化圈内的交际”和“文化圈际的交际”。

“文化圈内的交际”是指同一主流文化内不同个体之间的交际。例如，同属阿拉伯文化圈的不同国家的个体之间或者同一国家不同地域之间个体的交际。同属于中国大文化圈的南方地区和北方地区也有很多不同的习惯性差异。

“文化圈际的交际”是指不同主流文化的个体之间的交际。例如，分属阿拉伯文化圈和非洲黑人文化圈或者欧洲文化圈的个体之间的交际。

第四节　跨文化交际的主要理论

一、文化维度理论

在开展文化差异分析的过程中，可以运用荷兰心理学家吉尔特·霍夫斯泰德（Geert Hofstede）的文化维度理论。20 世纪 70 年代，当时任职于 IBM 公司的荷兰籍学者霍夫斯泰德发现，尽管 IBM 公司制定了严格的规章制度，但是并没有从根本上改变不同国家和地区之间员工在价值观上存在的差异。基于这个想法，霍夫斯泰德以公司的 12 万名员工（这些员工来自 100 多个国家）为调查对象，开展了两次问卷调查，并从中总结出了文化维度理论。他将跨文化差异划分为六个维度，即权力距离、个人主义和集体主义、不确定性规避、男性文化和女性文化、短期冲突和长期冲突、放纵与克制程度，如图 1-1 所示。自提出以来，该理论得到了学术界的广泛认可，至今仍被认为是解决跨文化冲突、实现良好的跨文化交际的有效工具。

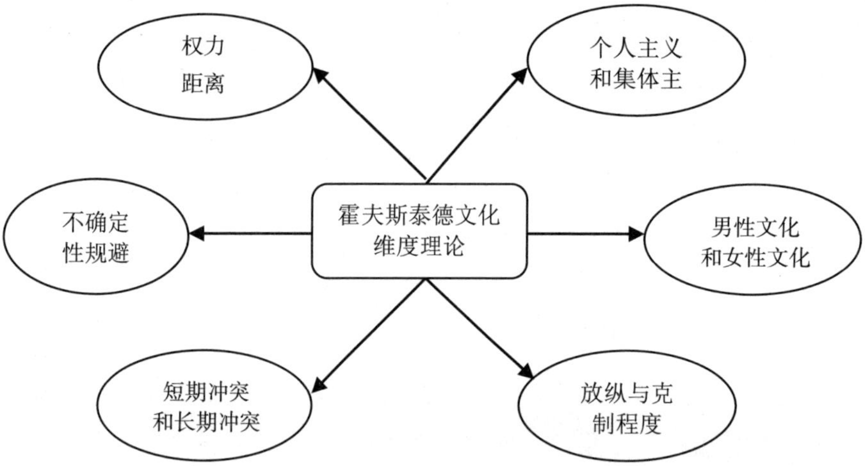

图 1-1　霍夫斯泰德文化维度理论的组成要素

①权力距离。所谓权力距离维度，是指在社会群体中，地位低的人群对于权力在组织内部进行不平等分配的心理接受程度。由于不同国家和地区的人群对于权力的认知本来就存在着巨大差异，因此导致了在权力距离上的认知差异。如果权力距离比较大，那么权力集中在少数人手中；假如权力距离比较小，也就意味着这个群体处于权力更加分散的状态。在这种情况下，每个人都将有更多的机会参与到各类活动中，将自身的主观能动性发挥到最大。

②个人主义和集体主义。此维度用来衡量某个社会群体对个人主义或者集体主义的倾向程度。如果是偏重个人主体的群体，往往社会结构是松散的，人们更加关注自己和自己家庭的利益得失。集体主义更加看重族群内部的社会关系，群体成员更加关注“大家庭”的利益，同时也希望自己得到集体的关爱，因为处在这个集体中的每个人都相信，稳定的族群关系能够给大家带来长久的保护，所以集体主义倾向高的群体往往具有很高的忠诚度。

③不确定性规避。该指标是用来衡量遇到环境威胁事件的时候，某个群体能不能利用正确的途径来规避这种威胁。不确定性规避指标代表了某个群体对不可预测事件的忍受程度，可以使用“强”和“弱”来衡量。

如果不确定性规避较强，一般重视地位、阅历、年龄和权力等要素，将不确定性视为一种潜在威胁，并保持强烈的紧迫感，尝试构建更加完备的规章制度和安全体系来杜绝非常规偏见。反之如果不确定性规避较弱，那么群体则对非常规和不可预测事件持宽容态度，倾向于选择没有压力的生活方式，鼓励冒险，较少强调规章制度，在哲学和宗教信仰方面的接纳程度也更高。

④男性文化和女性文化。此维度用以衡量某个社会群体中的主导价值观更加偏向男性化还是女性化。一般来讲，男性文化的表现形式有强势、独裁、自信等，而女性文化的表现形式为温柔、谦逊、博爱和善良等。某个群体的男性化程度高，则表示以上男性气质占据主导文化地位。

⑤短期冲突和长期冲突。此维度表示社会群体对于延迟精神、物质等社会需求的满足以及能够接受的程度，用以衡量某个群体对短期和长期利益的价值取向问题。

受到中国的儒家思想影响，霍夫斯泰德在模型中增设了短期冲突和长期冲突指标。所谓短期冲突，是指群体更加重视过去和当前的品德培养来获取回报。他们一般较为自由，拥有较多的空闲时间。而倾向长期冲突的群体，更加关注长远发展而不是眼前得失，愿意为了未来的长远利益付出努力。

多位学者指出，长期导向指数与国家经济增长程度之间有着密切关系，也是促进 20 世纪后期东亚和东南亚地区经济快速增长的原因所在。

⑥放纵与克制程度。放纵指数是用来衡量某个社会的国民对于欲望的克制水平。按照霍夫斯泰德的研究成果，所谓“放纵”是指人们可以相对自由地去满足某些欲望，而“克制”则代表控制这种欲望的程度。通过克制欲望，人们不再能够自由随心地享受他们希望的生活。放纵指数越高，代表人们不愿意克制自己欲望的程度越高，更加倾向放纵自己的欲望。

二、文化认同理论

跨文化交际是成功还是失败的关键往往取决于是否有效、顺利地进行文化交流，以及是否深入了解语言习惯、社会文化习惯等各个层面的文化现象。中西方价值观的差异是影响跨文化交际的重要因素，只有在一定的文化气氛和环境下，人类的物质与心理活动才能得以实现。儒家思想在中国社会占据了两千多年之久，其文化理念早已经深入中国人的血液和意识里。与强调个人潜能、目标和兴趣的西式文化相比，我们的社会关系强调人文关怀和和谐。由于人们的交流和其他的社会活动都是国家价值观念的体现，因此，在进行跨文化交际时，不可避免地会出现文化的碰撞，从而对沟通的顺畅进行造成一定的阻碍，因此要更加重视文化认同的作用。

20世纪50年代，美国著名学者爱利克·埃里克森（Erik Erikson）提出了一个重要的理论——文化认同理论，它指的是对长期生活在一定区域中的群体成员所形成的最重要的积极认可。“文化身份”是对人类精神生存的价值确认，它以一种“集体潜意识”的形式，以其自身特点、风俗和生活习惯流传至今，融合了多种认同，避免了因认同上的差别或分歧所产生的文化矛盾。

在埃里克森看来，同一性或认同是一种熟悉自身的感觉，一种“知道个人未来目标”的感觉，一种从他信赖的人们中获得所期待的认可的内在自信。文化认同是指个体或群体将某一文化系统内化于自身心理和人格结构中，并自觉地以此系统的标准来评价事物、规范行为的过程。因此，文化认同可以被看作一种评价体系，一种被社会大众所约定俗成的评价标准。这种评价标准推动社会大众在社会发展过程中形成共同的价值标准和认同标准。

因此，从普遍意义上来说，文化认同是公众主动接受、认可和自觉实践的群体文化，并将群体的思想观念、价值追求内化为自身的价值理念和理想信念。社会中的个体通过群体文化的输入，形成文化认同标准，即共同的文化价值观，从而形成自我的身份认同。其中群体文化的输入最重要的是“文化记忆”，是自我和群体之间社会活动的映射，是个体与个体之间互相关联的根基。

这样的文化认同理论是建立在以西方社会特征为背景的基础上的，对理解中国语境下的中国人的文化认同还是有很大差异的，并且西方的社会结构是一种“团体格局”。团体是有一定界限的，并且分界很清晰，即群己关系明确，强调的是平等和个人的权力取向的社会追求，而中国社会结构则是“差序结构”，群体和个人的关系没有很明确的分界，更需要考虑一定的人情关系。

三、文化图式理论

文化图式理论是图式理论的一个新分支，其在跨文化交际中发挥着重要作用。

随着人们跨文化交际的不断深入，不同文化间趋向于使用一个共享的框架来理解异域文化的特征，而这个框架就是跨文化图式。文化图式对于人们了解异域文化来说是不可或缺的，人们在头脑中构建的文化图式是基于其自身文化经历的，随着人们文化经历的不断积累，具有不同文化背景的群体在文化图式的构建上会愈发完善。文化误解现象的出现正是由于在跨文化环境中缺乏对异域文化知识的认知，也就是头脑中没有构建出相应的文化图式。因此，在跨文化交际中，帮助文化信息接收者加强文化背景知识的输入从而建立起文化图式具有重要意义。

若要全面理解文化图式的理论，就有必要了解文化图式的具体定义和相关内容。图式是根据个人以往的生活经验总结出的一系列知识。当遇到相关话题时，人们头脑中的图式就会被激活。由于每个人的生活环境、受教育的程度不同，因此每个人头脑中储存的生活经验和知识经验都不相同。这些知识在大脑中被整合分类形成不同的图式。

综合国内外学者对文化图式的定义，可以将文化图式归纳为某一民族所共享的文化知识（包括历史背景、风俗习惯、宗教信仰、民俗文化等）在人脑记忆中所形成的特定认知结构和一系列知识结构。

国内外学者的研究成果表明，文化图式具有共享性、差异性和包容性三个特点。

①共享性指的是不同的民族、部落既存在不同的文化背景知识，也存在关于某一事物、某一现象相同的、达成共识的文化背景知识，他们头脑中的文化图式在某些方面具有一致性，他们对待某一事物的看法存在相同点或者相似点。例如，中国人和外国人对太阳东升西落的认知是一样。

②差异性指的是不同国家、不同地区之间的文化存在着差异。例如，中国文化崇尚尊师敬长，美国文化追求人人平等。尤其是在中国的教学传统中，学生要称教书者为先生、教师、师父等，不能直呼其姓名。在一些英语国家，学生可以在课堂上直呼教师的名字。由于地理位置、社会风俗、生活习惯的不同，文化的差异就产生了。

③包容性是指尽管各个国家、各个地区的文化大有不同，但是全世界的文化在异彩纷呈的同时也可以相互借鉴、相互吸收，取其精华、弃其糟粕。人们对文化图式的理解也会随着时代的发展不断地更新。

四、交往行为理论

德国学者尤尔根·哈贝马斯（Jürgen Habermas）曾经针对人际交往提出了著名的交往行为理论，对跨文化交际方面的研究具有重要意义。这一理论以促进更好的交往为原则，主要秉持公平合理的交往观点，认为人际交往中的双方都应以平等的态度投入交流中，只有这样才能使人际交往向更加合理的方向前进，才能减少人与人之间因阶层影响、性别影响、收入影响而造成的交往障碍。只有人与人之间进行有效交往，才能达成有效交流，促进一系列社会秩序的有效形成与遵守。

①商谈伦理。有序社会的建立离不开制度规范的制定，只有在一定规范与行为准则的限制、引导之下，才能促进文明的发生，使人与人之间的相处更加合理化，而在相应规范的制定过程中，每个人都有发表意见的权利，通用的行为准则不能只以小部分人的意见为主，必须经过群体成员的广泛认同才能对全体公民形成公平化的制约，否则，相关规范的建立便会面临巨大的实施困难。

②交往资质。交往资质指的是人必须具有一定的交往能力才能进入交往过程，如语言能力、书写能力等，只有让对方明白自己所表达的意思，才能实现交往，否则，即便互相面对，也会因为缺少交往工具而无法交往。最为普遍的交往方式便是借助语言进行交往，语言使用者必须具有一定的操控语言的能力，需要将庞杂的语言进行合理化表达，让对方最大限度地通过语言了解自己的表达内容，只有这样才是成功的交往，这就需要交往主体具有一定的语言陈述能力。除了陈述之外，还需要借助多种表达方式完善自己的陈述，使对方更好地了解自己的陈述内容。同时，如果双方秉持着不同的价值观念，那双方无论如何输出观念，都难以起到有效的效果，最终交往只会变成不断输出双方观念却无法吸收他人观念。所以说，价值观念相同的人会更加顺利的交往，反之，交往便会遇到障碍。

③交往离不开语言的介入，只有交往者在同一语言系统内才能实现有效交流，否则便难以听懂对方的表达内容，进而造成无效交往。具体来看，交往行为包含以下要素：说话的人、说话人的表达、说话人表达的意思。要想实现交流交往，这三种要素缺一不可。

“独白式”倾向于个人描述；“交往式”则更倾向于在真正交流中的话语输出，交往的发生环境是自然的生活环境，交往双方在平等自由的交往气氛中进行互动。

真正有效的交往需要满足一定的条件：首先，交往内容必须真实；其次，必须在符合规范的情况下进行交流；最后，言语内容必须与交往者的真正意图保持一致。

哈贝马斯的交往行为理论把人放置于主体地位，主张以人为中心进行交往活动。在开放程度越来越高的今天，文化的碰撞不可避免，如何在种种文化冲突中实现良好交往是非常重要的课题。

五、跨文化冲突管理理论

跨文化交际中的冲突现象无处不在，针对此类现象提出的冲突管理理论是值得评介的。一般来讲，冲突管理理论可以为我们如何有效管理冲突、灵活解决问题提供一般性的指导原则。

跨文化冲突管理也可以叫作“交叉文化冲突管理”，是指两种或者两种以上的不同文化背景的群体之间在经济全球化背景下，为了完成组织的预期性或者共同性目标，克服异质文化冲突所产生的困难，寻求创造性的管理方法，形成卓有成效的管理的过程。

（一）跨文化冲突管理理论中的有效原则

1. 水涨船高原则

水位升高，船身也随之浮起，在跨文化冲突管理的过程中要客观看待文化差异性。来自不同的国家的人具有不同的文化背景，必然有不同的价值观念、态度和行为，这就造成了文化差异，因此文化差异具有客观性。正如世界上找不到完全相同的两片树叶一样，要理解差异的存在，就要坚持水涨船高的原则，有冲突就寻找解决的办法，在解决的过程中才能互相增进了解、取长补短、共同提升、共同进步。

2. 平等互惠原则

文明因多样而交流，因交流而互鉴，因互鉴而发展。文化无优劣之分，文化冲突也无对错之分，因此要平等对待各国文化，坚持平等互惠的原则，从各国共同利益出发，构建人类命运共同体。只有立足长远、平等合作、互谅互让、兼顾各方、共同努力才能实现“合作共赢”的目标。相互对立、相互排斥、损人利己只会使合作过程矛盾不断、冲突不断、困难重重，从而无法实现共同目标。

3. 择机权变原则

人类生活在不同文化、种族、肤色、宗教和不同社会制度所组成的世界里，各国人民形成了你中有我、我中有你的命运共同体，因此，在跨文化冲突管理过程中，坚持择机权变的原则。世界上唯一不变的就是变化，没有一种文化和方式适合所有人和所有事物。“水满则溢，月盈则亏”，要根据问题的实际发生情况和条件，灵活处理，随机应变，具体问题具体分析，不断探索适合自身发展的跨文化冲突管理模式。

（二）跨文化冲突管理理论中的有效策略

加拿大管理学家南希·爱德勒（Nancy Adler）提出跨文化冲突管理的三个方法，即凌越、折中和协同，由这三种方法延伸为三种管理模式：占领式、共存式、协同创新式。美国行为学家肯尼斯·托马斯（Kenneth Thomas）和他的同事拉尔夫·基尔曼（Ralph Kilmann）提出的二维模型应用较为广泛，托马斯二维模型中的纵坐标是“关心自身利益”，表示冲突时对自身的关心程度，是否坚持自身观点或者放弃自身利益；横坐标为“关心他人利益”，表示冲突主体对他人的关心程度，面对冲突是否考虑他人需求或者愿意与他人合作。通过二维模型形成五种策略：鲨鱼型——竞争策略、狐狸型——协助策略、乌龟型——逃避策略、泰迪熊型——迁就策略和猫头鹰型——容忍策略。

1. 鲨鱼型——竞争策略

竞争策略如鲨鱼，强势且坚持自我，不关心他人利益，凭借自身实力压制对方使之屈服，为了自己的利益牺牲他人利益。这种策略可以短时间快速解决冲突，一般适用于双方地位有极大悬殊的情况，否则会引起对方的负面情绪，甚至招致强烈的抵抗行为。竞争策略适用如下情形：①冲突一方具有绝对优势；②情况紧急，需要当机立断；③冲突对方使用不正当手段；④冲突各方属于彼此独立的团体。

2. 狐狸型——协助策略

协助策略是指当冲突发生时既能坚持自我又能积极寻求与他人合作，求同存异，使双方利益最大化。这样既维护了自身利益，同时又能达成某种“双赢”的局面。协助策略如狐狸一样，狡黠但又可以抱团行动，共同解决利益冲突。协助策略适用于如下情形：①冲突各方目标一致且属于同一团体；②冲突各方具有一定的利益相关性；③冲突各方具有共同合作的意愿；④冲突不是直接的利益冲突，而是相对较为隐性的。

3. 乌龟型——逃避策略

逃避策略如乌龟一样，遇到冲突尽量躲避，既不与他人合作，自己也不主动采取任何行动。随着时间的不断推移，直至冲突消除，实现逃避策略在一定程度上可以阻止冲突的扩大化，避免因冲突导致局势更加紧张，冲突各方或希望自身可以从冲突中逃离出来。逃避策略适用于如下情形：①冲突的负面影响较小，不会损害各方的根本利益；②冲突各方关联性较小，即使缺少一方，也不会对其他各方产生巨大影响；③冲突各方情绪激动即将失控，无法再进行理智的沟通，必须冷静下来才能解决；④有一方能够有效解决问题而其他各方没有具体解决方案时。

4. 泰迪熊型——迎合策略

迎合策略就是一种主动寻求与他人合作，甚至有可能牺牲自我的策略，如泰迪熊一样，为了迎合主人忘记自己的身份，最后变成地地道道的宠物。迎合策略适用于如下情形：①冲突各方具有相互依赖的关系且比较和谐稳定；②冲突各方关联性较强，且一方占据主导地位；③解决冲突所带来的利益是其中一方极其看重的，而对于其他方无关紧要；④在冲突过程中发现自己是最先错误的一方。

5. 猫头鹰型——容忍策略

容忍策略是为了组织的共同目标和人际关系协调，在关系自己和他人利益时选择一个折中的策略，这实际上是一个权宜之计或者叫作退而求其次的策略。容忍策略的适用情形如下：①冲突各方势均力敌，不能完全压制对方又能坚持自身利益；②冲突的问题比较严峻，亟待解决，所以选择折中的方案；③冲突各方具有长久的利益关系，不得不合作，只有解决眼前冲突，才能保障各方利益不遭受重大损失；④其他策略都不能解决冲突，所以临时采取一个权宜之策。

托马斯的五种策略需要根据冲突的具体情形而选择，无论哪种策略都不是绝对不变的。例如，当迎合策略适用时间较长时，冲突的另一方就会觉得对方比较软弱，然后就会逐步转变为竞争策略所适用的条件。因此，无论使用哪种策略，都要随着具体冲突情况的变化而不断更替。

六、跨文化交际能力理论

跨文化交际能力是跨文化交际学者们关注的焦点问题之一，可以毫不夸张地说，任何跨文化交际研究都以跨文化能力为要旨，努力探究如何提高沟通效果的秘诀。跨文化交际能力理论的主要观点是，在经济全球化背景下，跨文化交际能力理论不仅应展示交际者整体的潜质，而且还应解析人们如何通过协商来建构多重身份的过程。

关于跨文化交际能力，国内外学界已有不少学者研究并提出了相关理论框架和模型，并且这些理论都重视从认知、态度、情感等几个方面论述跨文化交际能力的理论体系。其中影响最大的是英国杜伦大学教授迈克尔·拜拉姆（Michael Byram）提出的跨文化交际能力理论。

拜拉姆提出的跨文化交际能力包括四个子能力，分别是语言能力、社会语言能力、语篇能力、跨文化能力。其中，跨文化能力又包括态度、知识、技能、批判性文化意识四个要素。

态度是对那些在文化意义、价值、行为和信仰方面被认为是不同的人的态度。作为跨文化交际的先决条件，态度不仅仅应是积极的或宽容的，而且要保持好奇和开放，对他人不同的信仰、行为、价值观念等不抱有怀疑的态度。

关于知识，个人在与来自自己国家或另外一个国家的人进行互动时所用到的知识可以分为两类：第一类是有关自己所在社会群体的文化知识；另一类是针对交流者的社会群体的文化知识。

技能包含阐释／关联技能和发现／互动技能两个方面。阐释／关联技能是结合自身相关文化经历解释来自另一个国家的符号或事件或者识别不同国家间符号和事件之间的关系。这种解释和联系的技能或多或少利用了现有的知识。这种技能区别于发现／互动技能，因为它不需要和对话者互动，不受互动时间的约束。发现／互动技能是能够获取某文化的新知并将其综合运用于实际交流的能力，增强和提炼有关他人知识的手段，并知道如何对与特定个体互动的特定特征做出反应。这种技能在国与国交流密切的今天是非常必要的。

批判性文化意识是指从多元文化视角出发，以明确的、系统的推理过程为基础，批判性地评价自己和其他文化或国家的价值观的能力。批判性文化意识主要包括三个方面：具备在自己和他人文化中辨别与解释文化现象和文化观点等的能力、根据一定的标准进行跨文化交换互动和调解、对文化事件和观点做出评判分析。因此，批判性文化意识要求跨文化交际者具备独立思考和判断的能力，能够客观地看待自己国家的文化与其他国家的文化。面对跨文化交流时，能够客观分析以及辩证地看待问题。

这四个要素组成了跨文化交际能力，在此基础上与语言能力、语篇能力和社会语言能力相结合，进一步发展跨文化交际能力。

拜拉姆认为无论一个人的外语能力如何，当他与来自不同国家的人们进行交际互动时，都需要对这个国家文化背景有所了解。当然，这个人对自己国家的文化背景也有一定的了解，且可能是无意识的。他们互相交流，分享彼此国家的一些知识，交换信息。这种互动的成功可以从是否获取有效的信息来判断，也可以从建立和维持人际关系来判断，后者取决于态度因素。

第五节　跨文化交际研究的发展历程

一、国外跨文化交际研究的发展历程

跨文化交际实践的历史十分悠久，可以说，自人类社会产生便有了跨文化交际的现象，但将其作为一门学科——跨文化交际学进行独立研究则始于 20 世纪。

1959 年美国人类学家爱德华 · 霍尔（Edward Hall）出版了《无声的语言》一书，书中他首次使用了“跨文化交际”一词，探讨了时间、空间与交际的关系，认为不同文化背景的人们在使用时间、空间表达意义方面表现出明显的差异，对此他总结了理解文化与交流的基本问题，如“什么是文化”等，并提出利用“文化”解决交际问题的方法。可以说该书是跨文化交际学的奠基之作，对后续学者们在跨文化交际学领域的研究产生了深刻的影响。

20 世纪 60 年代，由于民权运动和妇女权利运动的爆发，跨文化交际的研究和实践得到了进一步发展，一些大学开始开设跨文化交际课程，在这一时期，跨文化交际方面较重要的作品有《文化与交际》《交际与文化》《人类交际心理》等。

20 世纪 70 年代，跨文化交际研究得到了认可和关注，出现了专门的跨文化交际课程和组织：国际传播学会成立了其下属的跨文化交际学分会、第一届跨文

化交际学国际会议举办、跨文化交际学相关课程在教育机构普遍开设等。在这一期间，大量相关著作也陆续出版，影响较大的有美国学者拉里·萨莫瓦尔（Larry Samovar）与理查德·波特（Richard Porter）合著的《跨文化交际学选读》以及1975 年出版的《跨文化交际学导论》和 1976 年出版的《跨文化交际基础》等。

从 20 世纪 80 年代开始，跨文化研究的范围迅速扩大，具体表现为学者们不仅像传统的做法那样重视研究言语行为的跨文化差异，而且还重视探索交际者如何参与复杂且动态多变的交际过程。研究内容变得丰富且客观、全面，概括起来包括：在跨文化交际的理论概念方面，学者们讨论了交际、文化、社会、跨文化交际等概念；此外，还论述了语言或非语言行为与文化的关系。这些问题共同构成了跨文化交际研究的理论基础。

苏联时期，学者们将跨文化交际学与语言学整合起来，从 20 世纪 60 年代末，开始在对外俄语教学的领域里重视在教学过程中教授与俄语相关的文化背景知识，并在国际俄罗斯语言文学教师协会成立大会上指出，必须加强俄语教学与国情知识研究的联系。从相关文章可以得知，苏联的国情语言学与社会语言学和交际法的发展有密切关系；国情语言学主要研究词语的文化内涵，兼及交际文化、身势语等；国情语言学既包括高层次的文化研究，也包括在实际教学中的应用。

近年来，俄罗斯的专家、学者出版了一系列跨文化交际相关著作和教材，如在于 2004 年和 2005 年发表的《跨文化交际》和《跨文化交际理论概论》中，分别从理论和实践的角度对跨文化交际进行了深刻剖析，讨论了跨文化容忍度的形成和文化适应性的问题。俄罗斯学者还将语言学和跨文化交际整合起来，创建了语言国情学、民族语言学、语言文化学等学科。当然，语言学远远不能涵盖跨文化交际的所有层面。俄罗斯的社会学家和心理学家也在这一领域做了大量的研究工作，他们针对跨文化交际的理论基础、问题实质、文化特点以及跨文化交际的机制和教学法等方面进行了深入的研究。

综上所述，当今俄罗斯学者对跨文化交际学的研究主要基于语言学，同时又借助心理学、民族学、文化学、符号学等学科的知识。总体而言，俄罗斯的跨文化交际主要是从心理语言学和民族语言文化学两个角度进行研究的。对跨文化交际的研究已形成一套特有体系。

二、国内跨文化交际研究的发展历程

与国外相比，国内对跨文化交际的体系化研究出现得较晚，始于20世纪80年代初期。我国介绍跨文化交际学的第一人是深圳大学文学院的何道宽教授，他所著的其中一篇文章《介绍一门新兴学科——跨文化的交际》(《外国语文教学》1983年第2期）产生了十分显著的影响。随后，于1995年，在哈尔滨召开了我国第一届跨文化交际国际研讨会，自此，中国正式成立了跨文化交际学会。不仅如此，在1995年，《跨文化交流学：提高涉外交流能力的学问》一书引起了广泛关注，中国跨文化交际学会常务理事关世杰教授成了开创中国跨文化交际学研究领域著书立说局面的先导之人。在2006年，于上海大学举办的“2006年跨文化交际国际学术研讨会”影响深远，在该研讨会中，一些学者、教授分析了我国的跨文化交际研究现状。

在跨文化交际研究的前期，无论是研究规模还是相关著作都十分有限，但在经济全球化浪潮的推动下，我国的跨文化交际研究发展势头迅猛、前景开阔，有关跨文化交际研究的文章、著作等也日渐丰富起来。

此外，对中国跨文化交际研究的历史特点进行较为清晰的梳理，可以发现国内的跨文化交际研究大致可以分为以下三个阶段。

第一阶段是从1983年到1994年，这个阶段的主要特点是，中国跨文化交际的学者和研究者们开始写文章或著作，以积极介绍诞生于美国的跨文化交际学，中国跨文化交际研究崭露头角，研究规模相对较小，相关著作也零星分散，主要是以对国外跨文化交际相关著作的翻译为主。

第二阶段是从1995年到2002年，其主要特点为成立了专门的跨文化交际学会、开设了“跨文化交际学”的课程、由中国作者编写的跨文化交际的相关著作也相继出版，意味着中国的跨文化交际研究进入了发展时期。

第三阶段大约从2003年至今，这一阶段主要是积极借鉴和学习外国的跨文化交际研究成果，针对国外的跨文化交际研究著作进行深入的探讨，对中国跨文化交际的研究进行深刻的反思，中国的跨文化交际研究渐入佳境。

通过对国内跨文化交际研究现状的整体分析来看，我国对跨文化交际的研究呈现良好的发展态势，不再只停留在理论层面，如浅谈跨文化交际、分析跨文化交际背景下中西文化差异等。从近些年发表的文献、期刊来看，我国也开始逐渐关注实践层面的研究，即与教学实践相结合，如跨文化交际能力培养策略研究、基于跨文化交际的教学模式构建等。但不可否认，我国关于“跨文化交际”的理解是基于国外学者的研究的，关于“跨文化交际”的理论框架是建立在国际研究的基础之上的，有关的书籍、著作等也大多是直接翻译国外相关著作或借鉴国外研究成果间接编写而成的，基于自己研究的成果相对较少，此外，欧美国家已创建多家跨文化交际类权威期刊，所以总体来看，我国跨文化交际研究与国际水平仍存有一定的差距，我国还需进一步加强相关研究，努力跟上国际研究水平。

第二章　中西方文化的差异

受地理环境、宗教信仰等因素影响，中西方文化某些方面存在着较为明显的差异。中西方文化差异的根源在于大陆文明和海洋文明的差异。大陆文明发源于自给自足的农业自然经济，人民比较保守，对于未知事物的探究相对来说缺乏兴趣，文化比较内敛；海洋文明发端于不断变动的外向经济，人民相对来说勇于探索和独立，有较强的空间意识，勤于发展工商业，文化倾向富于斗争精神。基于此，本章将深入分析中西方的文化差异。本章分为中西方习俗文化差异、中西方思维方式差异、中西方价值观念差异、中西方饮食文化差异、中西方时空观念差异五部分。

第一节　中西方习俗文化差异

一、婚礼习俗的差别

（一）婚礼仪式的差异

传说，中国的婚礼仪式来自伏羲氏制嫁娶、女娲立媒妁。《通鉴外纪》载：“上古男女无别，太昊始设嫁娶，以俪皮为礼。”从此，俪皮（成双的鹿皮）就成了经典的婚礼聘礼之一。之后，除了“俪皮之礼”之外，还得“必告父母”。夏商时代还出现了“亲迎于庭”“亲迎于堂”的礼仪。周代特别注重礼仪，逐渐形成了一套完整的婚约礼仪。《仪记》中有详细规制，整套仪式合为“六礼”，分别是纳采、问名、纳吉、纳征、请期、亲迎。六礼婚制作从此为华夏传统婚礼的模板，流传至今。中式婚礼是我国传统文化的精髓，大红花轿、凤冠霞帔、拜天地、掀盖头……每一个道具，每一道流程，都折射出一种浓厚的文化气息。

目前对于西方婚俗习惯的研究，可以看出其整体仪式简单，仪式流程有订婚、筹备婚礼、举行婚礼、庆祝婚礼以及度蜜月几个部分。订婚时需要准备好钻戒，因为钻戒是订婚的象征，代表了爱情的坚不可摧。然后发请帖给亲朋好友。结婚前也会举行派对邀请好友参加，大家会赠送礼物给新婚夫妇，如厨房用品等。婚礼当天新郎新娘也暂时不能见面。婚礼时讲究旧东西和新东西，旧东西指的是家里长辈的婚服和珠宝，新东西通常是婚鞋、婚服等其他物品，新旧代表了婚姻中与原来家庭的联系和婚后生活的开始。大部分人会选择在教堂举行婚礼，整个流程简单，牧师主持婚礼，男女双方举行承诺，表示对婚姻的忠诚与向往。婚宴通常有丰富的食物，但是蛋糕是婚宴的重头戏，包括结婚周年庆等，都可以看见造型别致的蛋糕设计。婚礼结束后新婚夫妇便去度蜜月，大家会在欢乐中送别新婚夫妇。

（二）婚礼服饰的差异

中国传统服饰拥有悠久的历史，婚礼服饰则是各个时期最正式、最隆重的服饰之一。中国婚礼服饰制度起于周代，经过数千年的发展演变，形成了较为完整的礼服体系。各阶段的婚礼服饰既一脉相承，又迥然不同，体现出政治、经济和文化的差异。

西方的结婚礼服——西式婚纱以白色为主。这是源自天主教徒的仪式服装。在古代西方，大部分都是政教合一的国体，人们结婚必须去教堂接受神父或者牧师的祷告以及祝福，所以新郎和新娘都穿礼服表现对神的敬意。

二、节日习俗的差异

节日通常是人们为了某种原因聚在一起庆祝的日子。经过历史的沉淀和积累，每个节日都有丰富多彩的节日习俗。在这些习俗的背后，是深厚的文化底蕴。

中国的农耕节日习俗的特征主要表现在以下两方面。

①中国农耕节日。中国的节日大多来自传说和民族习俗，但作为一个传统的农耕社会，中国的许多节日都与农时相关。例如，农历正月初一是春节，又叫“阴历年”，是中国民间最隆重、人们最重视的一个古老传统节日。在每年的除夕，家家都贴红对联，燃放爆竹，灯火通明，守更待岁。尤其是中原地区，民间更为重视春节，一进腊月，节日气氛逐渐浓厚。民间有“吃了腊八饭，就把年来办”“腊

八祭灶，新年来到”之说，整个春节活动大约从腊月初八开始，一直延续到二月初二。农历正月十五是元宵节，也被称为灯节。按照民间的传统，人们要猜灯谜、吃元宵。中国有“十五大似年”“春节重在礼，灯节喜在乐”之说，人们把元宵节看作一年中最欢乐的节日之一。农历八月十五是中秋节，在此期间，人们会进行赏月、吃月饼、猜灯谜等活动，表达对家庭团圆和美好生活的向往之情。此外，中秋节还有烧香、燃灯、赏桂花等传统活动，可以让人们感受到中国文化的独特魅力。

②以饮食为主的庆祝方式。中国人对饮食习惯的重视也反映在人们过年过节的食物上，许多节日都有专门为这个节日准备的食物。大多数中国人通过与家人分享这些食物来庆祝节日。例如，在春节期间，中国的传统食物是饺子，有句俗语说得好：“大年三十吃饺子——没有外人。”这说明年夜饭的饺子也象征着家人团聚，而且又有旧年新年在子时相交，取“交子”的寓意。正月十五吃汤圆，是我国大部分地区共有的食俗，汤圆有团圆美满的美好寓意。这些各具特色的食物已经成了节日不可分割的一部分，如果过节时没有吃这些具有代表性的食物，人们就会觉得节日过得不完整。

相比之下，西方的宗教节日习俗的特征主要表现在以下两方面。

①西方宗教节日。西方的节日大多和基督教有关。例如，庆祝耶稣基督诞生的节日是圣诞节，它现已发展成为在全世界范围内影响最大的节日；复活节则是庆祝耶稣为世人赎罪而在三天后复活的节日，复活节的意义是庆祝新生命的诞生。

②以玩乐为主的庆祝方式。对于西方人来说，节日并不太注重身体上的享受，如吃喝，而营造浪漫气氛，享受随之而来的精神愉悦是很重要的。因此，当西方人庆祝节日的时候，他们总是用很多的想法来营造出喜庆的节日气氛。

第二节　中西方思维方式差异

思维是人认识现实世界的过程，是人类对客观事物间接的、概括的反映，是一种理性的认识。人们通过思维来探索与发现事物的内部本质联系和规律性，是认识过程的高级阶段。思维使所有的人顺利了解和深刻认识世界的点点滴滴，跟人类的大脑、经验、知识、周围的因素有密切的关系。人们从出生到受到教育，从描述周围的现实物件到接触自己的民族文化的影响，越来越会拥有一种固定的思维方式。思维对事物的间接反映，是指它通过其他媒介作用认识客观事物，即借助于已有的知识和经验、已知的条件推测未知的事物。思维的概括性表现在它对一类事物非本质属性的摒弃和对其共同本质特征的反映。思维可以分为整体思维、分析思维（个体思维）、逻辑思维（抽象思维）、形象思维（具象思维）、求异思维（发散性思维）、求证思维、逆向思维、横向思维、对比思维、交叉思维等类型。中国是受到了儒家思想、道德观念和东方文化的精神影响，而西方国家则受到了古希腊、古罗马文明、文艺复兴和思想启蒙思想的影响，这些因素导致中西方的思维方式的差异。中西方在思维方式上的差异主要体现在以下两个方面。

一、整体思维和分析思维的差异

整体思维认为各个局部都按照一定的方式和次序组成整体，要求运用整体全面的眼光把握目标，个人服从集体，局部服从整体。对中国人来说，天、地和人都是整体的，是综合的，具有密切的关系。几千年的文明积淀使汉民族形成了以群体观念为核心的思维方式。因此，他们在看待事物、处理问题时往往将整体置于个体之上，认为个体只是整体中的一个环节或一分子。中国处理问题总是会从大到小、从外到内、从上到下。主客观是一种互相适应与和谐统一的关系。因此，他们的思维是直观的、综合的和整体的。

然而，西方人则更注重分析思维，即个体思维。受个人主义的影响，西方人认为个人是一切行为的出发点、核心和目的，人们有权确定自己的生活和前途，国家和社会有保护个人权利的使命。由于西方国家注重分析思维方式，西方文化则更加强调个体的重要性。西方人在解决问题的时候，总是以个人为中心，人类在宇宙中占据着重要地位，所以他们看待和处理问题总是会从小到大、从内到外、从下到上、从特殊到一般。

下面通过一个例子用于理解中西方整体思维和分析思维的内容，同时了解思维的差异是如何影响跨文化交流的。

学外语的中国学生：老师，打扰一下。您知道我以前从未用外文写过信，因此，信里边可能有不少错误，我……

外教：你到底需要什么？

从这个例子可以看出中西的思维差异。中国学生认为直接请老师修改私人信件是不礼貌的，于是使用了迂回的方式。不过外教不理解学生到底想要什么，所以打断了他，问学生需要什么。中国学生采用了从整体到个体、从大到小的方式。不过这使外教老师不明白学生的意思。西方人总是把重要的话题先说出来，这样能吸引听话人。他们首先提出要求，然后说原因，所以会先说请老师帮忙修改文件。思维方式的不同很容易导致双方交流的障碍。

二、形象思维和逻辑思维的差异

形象思维是运用一定的形象来感知、把握和认识事物，通过具体、感性的形象来达到对事物本质规律认识的一种思维形式。它是艺术家在创造活动中，从发现和体现生活，到进行艺术构思，形成艺术意象，并将其物化为艺术形象或艺术情境的整个过程中所采用的一种主要的思维方式。中国人使用形象的行为来表达虚的概念。中国文化认知模式更倾向于形象思维。中国人的形象思维为曲线式。中国人谈话时永远不会直接表达自己的看法，同时认为有一些事情不需要直接说。

然而，逻辑思维，即抽象思维，讲究对某一个事物必须进行分析，这样可以更快得出结论。西方人注重逻辑思维，他们运用逻辑的行为表达具体的事物。西方人的逻辑思维为直线式。西方人在陈述事实时，往往会直接表明立场。如果一位西方人有疑问，按照逻辑思维方式，他会直接开口询问。他们讲究实际，对具体细节给予较大的关注。

下面通过举例来理解中西方的逻辑思维和形象思维方式的差异，同时了解这些差异是如何影响跨文化交流的。

西方人：我们得讨论关于昨天的事情。

中国人：以后再说吧。

西方人：什么时候再说呢？

从这个例子可以看得出来西方人与中国人在进行跨文化交际时会遇到礼貌用语的问题，就是拒绝对方的方式不同。西方人按照逻辑思维的直线式，最后问了中国人什么时候他们能谈一谈昨天的事情，直接提出自己不明白的问题。没有完全明白情况，所以他开口问对方具体细节，只不过中国人的“以后再说吧”就是一种比较礼貌的、拒绝别人要求的方式。其实“以后再说吧”是在中国文化中一种比较委婉的拒绝人的回答方式，中国人拒绝别人要求时，不愿意直接说出来，反而，对西方而言，这种直接的拒绝方式是普遍的。通过这个例子可以看出，中西方思维方式的不同容易导致跨文化交流的问题。

第三节　中西方价值观念差异

价值观是指个人对客观事物（包括人、物、事）及对自己的行为结果的意义、作用、效果和重要性的总体评价，是对什么是好的、是应该的总看法，是推动并指引一个人采取决定和行动的原则、标准，是个性心理结构的核心因素之一。它使人的行为带有稳定的倾向性。价值观是人用于区别好坏、分辨是非及其重要性的心理倾向体系。它反映人对客观事物的是非及重要性的评价。人不同于动物，动物只能被动地适应环境，人不仅能认识世界是什么、怎么样和为什么，而且还知道应该做什么、选择什么，发现事物对自己的意义，确定并实现奋斗目标。这些都是由每个人的价值观支配的。价值观决定、调节、制约个性倾向中低层次的需要、动机、愿望等，它是人的动机和行为模式的统帅。人的价值观建立在需求的基础上，一旦确定则反过来影响调节人进一步的需求活动。人们对各种事物，如学习、劳动、享受、贡献、成就等，在心目中存在主次之分，对这些事物的轻重排序和好坏排序构成一个人的价值观体系。价值观体系是决定一个人的行为及态度的基础。价值观受制于人生观和世界观，一个人的价值观是从出生开始，在家庭和社会的影响下逐渐形成的。一个人价值观的形成受其所处的社会生产方式及经济地位的影响是决定性的，在一定程度上是不可逆的。具有不同价值观的人会产生不同的态度和行为。

价值观是历史的、发展的。价值观作为意识的一部分，是由物质所决定的，这就不可避免地会反映客观物质世界的变化。当社会历史的某些条件发生改变时，价值观会不由自主地发生改变，价值观反映的是当时社会整体的风貌与精神。在革命时期，战争或者求得解放成为社会整体观念，而进入新时期，和平发展却又成为社会的主流。从此之中，我们可以看出不同时代的价值观有着当时那个年代的特色，脱离历史、否定社会发展谈价值观是不可取的。每次价值观的交替与变更都会被打上时代的烙印，也会变成更高一级，这也符合了唯物史观发展的基本规律。

价值观是主体的、选择的。价值观本身就是意识的东西，它不能脱离主体人而存在，以人为物质载体，二者不能分离，谁离开谁也不能独立存在。同时，每个人所持有的价值观并不完全一样，因此具有主体特色。作为主体的人是有思想、会思考的，人脑有着自主加工的功能，因此社会整体所有的价值观作用到每个主体身上，也会发生些许的改变，在指导人们行为时就会有不同的行为动作。不同的社会阶层所持的价值观不同，因为地位、环境、交往关系等的差异也会有着各异的观念。选择性是说人们在选取是非价值评判标准时是有所挑选的、有意识的。刚出生几个月的婴儿是没有价值观的，他做出的行为是本能地对大人的模仿，而在年龄增长和接受教育之后，他们开始有了自己的主观意识，慢慢会筛选自己认同的价值观念，从而形成自己的价值观。价值观是相对稳定的，一经形成，便不会轻易改变。

价值观是对一定历史时期的客观现实的反映，当社会现实保持平衡或稳定状态时，价值观一般不会变化。例如，我们现在所倡导的社会主义核心价值观，虽然内涵会不断丰富完善，但是总体的价值取向并没有改变。个人的价值观在幼时因心理各方面还不成熟，因而还处于变动之中，但经过长时间的实践和理论学习之后，个人的价值观也会趋于成熟，保持在稳定状态。

一、处理人与自然关系方面的价值观差异

中国文化将人与自然或外部世界的关系看成是和谐的、浑然一体的。中华传统文化中的生态思想是描述人与自然的关系的重要理论观点，无疑也体现了中国人在处理人与自然关系方面的价值观念。

首先，中国人注重生态整体观。中华传统文化的生态思想蕴含于古代不同思想流派的学说观点中，其中天人合一思想的提出将生态作为一个整体就存在其合理之处，中国人受此影响十分注重生态整体观。在中国传统生态思想中，儒家代表提出的生态思想一定是占据着主导地位的。儒家倡导天人合一的思想。孔子在天人合一思想的基础上，提出自然界的存在与发展有其自身的规律性，不受人类主观意识的制约与控制。孟子提出，人类与自然是一个统一的整体。汉代董仲舒在吸收、借鉴孔孟思想的基础上，提出了“天人感应”。他指出：“天有阴阳，人亦有阴阳，天地之阴气起，而人之阴气应之而起；人之阴气起，而天地之阴气亦

宜应之而起，其道一也。”这显示出人与天、地三者是统一的生态整体，一方的变化势必会引起另一方随之变化。在道家的生态思想中，道被赋予了更加深刻的内涵。“道可道，非常道。”此道是天地本原，亦是天地万物之间的自然运行规律。在道的基础上，天、地、人三者应是和谐统一的整体。老子提出：“道生一，一生二，二生三，三生万物。”人与自然都源于道这个统一的本原。庄子也提出：“天地与我并生，而万物与我为一。”人与天地万物之间是以一个整体的形式而存在的，而自然有其自身独特的运行规律。中华传统文化的生态思想中所蕴含的生态整体观，指出人、天、地同处于一个生命统一体之中，彼此之间是互相融合、休戚相关、不可分割的。生态整体观作为中华传统文化中的生态思想，其中的积极观点至今对于我国生态文明建设仍具有重要意义。

其次，中国人注重生态价值观。中国传统生态思想中蕴含着仁爱万物、民胞物与、天人合一的生态价值观，中国人受此影响十分注重生态价值观。“春三月，山林不登斧斤，以成草木之长；夏三月，川泽不入网罟，以成鱼鳖之长”，指出要顺应、尊重大自然的生长规律，不能进行过度的开采。儒家倡导尊重自然、尊重生命，主张以仁之心对待万事万物，按照自然的规律加以利用自然才能不损害自然。儒家讲究天人合一，天地万物共存于统一的整体之中，彼此之间是紧密联系、不可分割的，人类要爱护万物众生，在维护自然生态平衡的基础上对自然资源进行利用。宋代张载[①]提出“民胞物与”的思想，《西铭》中记载：“乾称父，坤称母。予兹藐焉，乃混然中处。故天地之塞，吾其体；天地之帅，吾其性。民，吾同胞；物，吾与也。大君者，吾父母宗子，其大臣，宗子之家相也。”张载将天地万物与人之间视为父母、兄弟的关系，显示出了强烈的生态伦理意识，将自然融入生命凸显了自然的生命价值。老子强调要在一定范围内利用自然，重限度，有规律，不能欲壑难填、得寸进尺。孟子认为：“不违农时，谷不可胜食也；数罟不入洿池，鱼鳖不可胜食也，斧斤以时入山林，材木不可胜用也。”他主张要按照季节时令利用自然资源，并取之有度、用之有节。如今，我国人民更加重视中国传统生态思想，实现了智慧借鉴与实践超越，努力打造人与自然和谐相处的生态格局。

① 张载（1020 年—1077 年），字子厚，凤翔郿县（今陕西省眉县）横渠镇人，北宋思想家、教育家、理学创始人之一，世称横渠先生，尊称张子，封先贤，奉祀孔庙西庑第 38 位。

最后，中国人注重生态道德观。儒家倡导仁爱万物，将仁爱万物提到道德的价值高度，提出不仅要爱戴人本身，更要兼爱社会中的万事万物。人想要获得长久的稳定发展，需要在尊重大自然发展规律的前提下，以仁爱的道德态度对待万事万物，不能向大自然无节制地过度索取，这样不仅损害了自然，更损害了人类自身。老子主张，要在遵循自然规律的基础上善待万事万物，不能过度利用自然，要使万物能够各得其所、各遂其生。庄子认为，世间万物本没有高低贵贱之分，人类应该善待万物，不能将自然万物视为人类征服、掠夺的对象，而应尊重自然规律，珍惜自然生命。宋代的张载更是提出要视天地的万事万物为父母，这样才能做到热爱大自然中的一切，尊重世间万物是应该履行的责任与义务。生态道德观倡导人与自然之间的和谐统一，人类在向大自然索取资源的同时更应该尊重自然、顺应自然、善待自然，对自然承担起相应的道德责任与义务。受此影响，中国人民看到了人应对自然承担的责任义务，善待自然生命的必要性，更加主张将正确对待人与自然的关系作为基本准则。

反观西方发达国家，其生态思想也拥有深厚的理论渊源，其中非人类中心主义生态哲学理论、生态学社会主义理论蕴含着丰富的生态思想，探讨了人与自然的关系问题，这对西方个人主义价值观的形成造成了一定的影响，具体分析如下。

首先，非人类中心主义基于生态环境危机的频繁爆发以及对人类中心主义的深刻反思，开始颠覆完全以人类的需求与利益为宇宙万物根本的人类中心主义价值观。人类中心主义与非人类中心主义的根本差异在于，人类中心主义不承认非人类自然存在物的内在价值，将人作为万物的尺度，而非人类中心主义承认除了人类之外的自然存在物的内在价值。非人类中心主义开始重新思考人与自然的关系问题，从大地伦理论、深生态学、自然价值论等层面都强调了自然有其本身的价值属性，人类不能肆无忌惮地违背自然规律，应主动承担起对自然万物应负的责任。非人类中心主义是一种坚持生态至上的自然观，自然作为生态系统中的重要组成部分是其他任何东西所不可替代的。自然的万事万物共处于一个生命的有机体中，人类作为自然界不可或缺的重要组成部分，应该共同维护自然的和谐稳定。非人类中心主义从人类与自然的整体角度出发，将人从万物尺度的神坛拉下来，主张解决生态危机首先要破除人类中心主义，人类必须尊重顺应自然界，在一定范围内控制人类生存需要的前提下实现对自然环境的保护。非人类中心主义认为人与自然之间的关系问题，可以由伦理道德原则来进行调节和制约，指出人类在利用与改造自然的过程中要时刻遵守规则和限度。我们也看到了非人类中心主义在对人类中心主义进行批驳的同时，已然从一个极端转向另一个极端，过度强调环境决定论导致陷入了形而上学的误区。

其次，生态学社会主义理论的研究视角始终围绕着人与自然，指出人与自然之间理应彼此促进、共同发展，最终建立出人、自然、社会彼此和谐发展的绿色社会主义。生态学社会主义倡导的是现代人类中心主义论，人要立足自身，根据自身的需要，以人类特有的方式来处理人与自然的关系。

二、处理人际关系方面的价值观差异

在处理人与人之间的关系时，不同文明有不同的倾向，从而产生了集体主义和个人主义两种截然不同的价值观。集体主义指的是一种在东亚占主导地位的文化取向，它强调自我与他人的关系（相互依存的自我认知），并将群体关注（如群体和谐和凝聚力）置于个人关注（如自我提升）之上；相比之下，个人主义是在西欧和北美占主导地位的文化取向，强调将自我与他人分开（独立的自我认知），并将个人关注置于群体关注之上。文化心理学家认为，个人主义和集体主义的根本差异在于解释个人与社会的关系以及研究分析的基本单位是个体还是社会。在个人主义中，核心单位是个人，社会的存在是为了促进个人的福祉，个人被视为是彼此独立的，是分析的基本单位。在集体主义中，核心单位是团体，社会是存在的，个人必须融入其中。

在处理人与人的关系问题上，中国的历史传统强调集体意识，重集体、轻个人是中国传统价值观的基本理念。中华民族是一个趋同的民族，民族文化逐渐强化了集体主义的意识。中国的传统文化认为，集体利益高于个人利益，个人要依附于集体而存在。

西方文化在处理人与群体、社会、国家和世界关系的过程中，逐渐把个人与自然、社会分离开来，确立了个人价值的中心地位。

第四节　中西方饮食文化差异

饮食的含义也有广义与狭义之分。首先，在广义上包含着三个部分：一为对饮食原料也就是制成品的生产加工的过程；二是指对食品的消费，也就是所说的吃与喝；三是生产加工所制成的成品，即饮食品。其次，在狭义上，饮食单单指对于饮食品的一个消费过程。

饮食文化是研究、了解、认识与接近一个民族最为直接的方式之一，通过研究饮食文化能够很好地去了解这个民族的历史、思想文化与生活，因而可以将饮食文化作为了解一个民族的切入点。而对于饮食文化相关的概念，到目前还没有很成熟，在《饮食文化概论》一书中，饮食文化包括食品原料生产、开发利用、消费过程中的科学技术和艺术等及以饮食为基础的习俗、传统、思想与哲学，是全部食事的总和，涉及自然科学、社会科学及哲学。饮食文化内容丰富，从其内部结构来看，可将其分为行为、制度以及心态文化等；也可按照国家、民族、生产工艺等对其进行分类。饮食文化的功能有许多，如养生功能、社会功能、娱乐功能等，同样饮食文化也有着生存性、地域性、民族性与传承性等特点。

一、饮食观念的差异

中国饮食的核心理念可以用“和”“中”“礼”三个字进行概括，这三个字是中国地域特点的体现，是人们对自身健康追求的体现，是人们对理想社会追求的体现。

首先，“和”在于中国饮食文化有和合的特征，脱胎于“贵和尚中、天人合一、五行相生相胜”等文化传统，表现为食物之和、自然之和、人际之和。

中国饮食注重食物之和。一方面表现在对食材的处理上，泯灭菜肴个性而追求共性，协调各种食材的纷杂味道，产生源于诸味又高于诸味的全新美味；另一方面表现在对味道的调和上，强调酸、咸、苦、辛、甘五味调和，极端的味道被视为不正宗。此外，还可以从微观与宏观两个维度进行分析，微观指味道平衡，需使食物本味、烹饪后的熟味、配料的辅味、调料的调和之味等恰到好处地交织融合；宏观指种类平衡，对于主副、荤素、生熟、冷热、食与饮等方面也讲求平衡，不宜偏挑。

中国饮食注重自然之和，核心在于自然与人的和谐，分内外两个视角，将文化与自然紧密关联起来，文化是人类适应和利用自然现象和环境的结果。人类对自然的利用对应“外视角”，对自然的适应对应“内视角”。具体而言，“外视角”强调开发与保护的双重最大化：一方面，中国幅员辽阔，地大物博，广袤的土地、多样的环境和适宜的气候孕育了繁多物产，向人们馈赠了丰富的备选食材，中国人发扬生存智慧，广纳自然风物入馔，巧妙合理地开发和利用自然，如总结出料为肉、水为血、曲为骨的酿酒规则，创造出中国酒；另一方面，对自然的开发建立在敬畏和顺应的基础上，小到保护自然原汁原味，保持食物原料原本的鲜美滋味，讲究本味，大到保护生态持续发展，强调尊崇自然规律，对食材的选择要遵循可持续发展原则，反对对自然资源进行野蛮攫取，这与“内视角”强调的“天人合一”密切相关。“内视角”将自然与人一体而视，认为符合自然节律的饮食可对身体起到医病、养生、益寿等正面作用，形成了药食同源、以形补形等医食理论。食物不仅能提供营养，也能疗病，吃药与吃饭可以巧妙结合。这影响了人们对饮食内容的选择：食用特定食物来疗病或养生，如食用动物器官并相信这对人体相应器官有益。这还影响人们对饮食时机的选择：饮食食材和调料都呼应四时之变，加工烹饪食物时考虑季节、气候。这也影响人们对饮食形式的选择：冬天食用炖、焖、煨的菜品，追求醇厚；夏天多食用凉拌、冷冻菜肴，追求清爽等。中国人从自然获取对人体调节和保健的资源，期待实现健康长寿的目的，具体方式不同于西方的营养搭配，而是根植于阴阳五行之东方哲思的“和自然呼应的生命运动”中。总之，人与自然之间并非“零和游戏”，而是于内、外、身、心等多视角、多重维度的“和”。

中国饮食注重人际之和，主要是指就饮食活动参与者乃至全社会的人际关系而言，提倡谐和、洽和，忌讳伤和、失和。在中国，饮食活动不仅是享用美食的过程，更是人与人交际的重要阵地。饮食活动是中国人的主要交际手段，围坐合食式的“饭局”具有建立和维系和谐关系等功能。中国人喜欢在饮食活动中以食表意、以物传情，借助特定的饮食，蕴藏和寄托各种情感，如通过赠予或共同品尝特定饮食来含蓄地表达对对方的了解和重视，可以是既往一同就餐时观察、搜集并牢记对方的口味，在下次共同进餐时投其所好，也可以是根据对方籍贯准备地域特色美食。中国疆域辽阔，自然气候地理条件各异，形成了风格多样的菜肴派系。自西周后经唐宋、明清、近现代等各个阶段的发展流变，至 20 世纪 70 年代后出现广为人知的“八大菜系”，依据地理位置划分出了饮食文化区，影响着人们的生活，塑造着人们的性格。尽管随着人员和物资流通日趋频繁，各地饮食汇流融合，但地域性特征仍客观存在，不同菜系或地方特产牵动乡情，令人倍感贴心。制作家乡菜时融入心血和真情，品尝家乡菜时激起乡忆和乡情，收到他人赠予的家乡美食时通常会对赠予者报有感激赞赏之情。地域美食对人际关系的拉近作用不宜明说，只宜心领神会，一旦说破，反生刻意之嫌——不过分工于言辞，只默默做出暖心行为，是中国文化认可的传情达意的艺术。

中国人不仅在日常生活中注重吃饭时和睦团圆的氛围，在节庆时更是注重团聚，如中秋夜聚餐赏月、春节吃年夜饭等，这背后是中国文化对集体的重视和对合作的崇尚。正如著名学者王力在《劝菜》中描述了一则幽默故事：外国人问，24 个中国人共吃一大桌酒席，各人手持三尺长筷，要如何夹菜入口？中国人的回答是，我们互相帮忙，不是夹菜给自己，而是夹给坐在对面的人吃。三尺长筷不常见，但中国人在饮食活动中自然流露的集体意识和合作精神却显而易见。聚餐围坐，共享宴席，碰杯布菜，一方面，“你不爱吃的却正是我所喜欢的，互相调剂，各得其所”，在美好事物面前展现互敬互惠、礼让、分享之美德；另一方面，人们在餐桌上的热烈反应即时反映出内心的欢愉，通过开怀大笑、相谈甚欢来营造就餐时的热烈氛围，拉近人际距离，甚至可以从无到有建立关系、拓展人脉。

其次，中国饮食文化要以“中”为核心，以“中”为主体，以“中”来协调四方。政治上追求“中”，为求统一；经济上追求“中”，为求繁荣昌盛；文化上追求“中”，以求教化人心；故饮食上也在追求“中”，以求美味和健康。中国饮食的口味五味俱全，味道不偏颇、不强烈。中国菜肴往往以鲜香美味、色形俱佳著称，口味居中而汇聚南北特色。菜肴调味也没有偏味，味道适中，形成五味合一的美味境界。就如同河南人饮食时，若对菜品的味道很满意，就会由衷地说出一句：“中！”这既是对厨师烹饪水准的肯定，也像是对食物本身的喜爱。从这句巧妙的“双关语”中就能看出，中国的饮食风格就像中国人淳朴敦厚的性格——质味平和、融合五味，所以适应性强；老少皆宜、八方适口，所以包容性强。另外，在中国街边的餐馆中，为了照顾各种顾客的口味，有“自选小料”的饮食传统，即用小杯子、菜碟或调味壶盛放盐、醋、辣椒油等调味料，如果有食客提出特别要求，也会有蒜泥、葱段、麻酱、腐乳等，让顾客依旧个人喜好搭配，这也体现了中国饮食温和、包容、朴实、亲切的文化特点。此外，中国饮食还强调“质味适中”的养生饮食观念。中国自古以来就有“药与食同源”的饮食理念，在医疗技术发达的现代社会，依然有“食补”和“食疗”等说法。多数食材具有“空腹时作为充饥食用，生病时作为药物食用”的特点。“烧猴头”就是中国饮食中最具代表性的健康食物之一，猴头菇的营养价值很高，烹调后味道鲜美，有治疗消化不良、胃痛等药效，所以中国有一种民间疗法叫“烧猴头”，用来辅助胃癌的治疗；信阳特色民间菜“栗子炒鸡”是用板栗和土鸡一起炖炒，不仅味道丰富，而且提高了菜品的健康价值，养胃健脾。中国的饮食不仅使用健康的食材作为烹饪原料，在食材的搭配上也沿袭着保持健康的方法。举例来讲，河南的“烩面”作为中原面食的一张特色名片，高汤温润滋补，各种配菜均衡膳食，糖蒜提高味道，五色兼具并且健康营养。中国菜品中包含着大量的养生食材，如黑木耳、怀山药、红枣、枸杞等，荤素搭配，而且有汤有饭。可见，五味相调和、质味适中的饮食观念深深植入了中国人民的饮食记忆里。

最后，中国饮食文化中的“礼”对应行为文化和制度文化层面，主要指饮食活动中由物质文化和观念文化所承载和支撑的行为和制度。其中，行为文化，如立身行事、接待往来，是动态的、形而下的“气”；制度文化，如敬酒之道、客随主便，是静态的、形而上的“道”。同时，两者并非截然分开，而是兼有“行为凝固成制度”和“制度指导行为”之一体两面，交织融合运转，可以将之统归为中国饮食文化之“礼”。

《礼记 · 礼运》云：“夫礼之初，始诸饮食。”“礼”萌发于饮食活动之中，饮食活动为“礼”提供应用场景，古今皆然。早在中国古代，宴饮礼仪就已按照阶层划分待客之道；礼仪体现秩序和规范，座席方向、箸匙排列、上菜次序、菜品的来历象征等，都是礼仪的体现。有学者对宴席上一道鱼进行解析，从一尾鱼中可以窥见物质、观念、行为、制度四层的饮食文化：一条整鱼象征“吉庆有余”，鱼头上眼、嘴、鳃不同部位也各有意蕴，这体现了由鱼作为物质载体，通过“整做”烹调方式，经由联想譬喻，对之进行“和”“美”观念的赋能；进餐时须由尊长先动鱼头，“只有长辈动过筷子的菜里愿吃哪个可以随便去吃”和“‘头三尾四腹五背六’的饮酒规定”则体现了行为文化和制度文化层面的要求，其核心均为“礼”。中国文化久经迭代，一些古礼已不为今人所用，但仍会在涉及渊源、传承、流变时对之有所提及，但重点是在现代社会通用的今人饮食之“礼”。交际主体之间的地位和血缘关系、个人性格和教养等因素，都会影响人们的言行举止，生发千变万化的交际策略，但总有万变不离其宗的公共规则居于其上，需要全体饮食活动参与者共同维护遵守，此万变而不离之“宗”就是“礼”，具体表现为三方面：正面的“敬”“让”与反面的“忌”。

“敬”与“让”在前人研究中一般不做细致区分，或统称为“敬”：在“礼”的观念中注重“敬”的理念，而在社会生活中也要注意互敬互爱——敬人；或统称为“让”：先哲以为食而不让，则近于禽兽，提倡食中有让，饮食活动以“让”为先，体现“让”的精神。这些表述中的“让”“敬”为一体，两者的相通之处在于：“敬”和“让”的对象均可以是座位、风头、点餐话语权、食品饮品、进餐次序、餐毕离席优先权、餐毕在饭店买单或在家中收拾碗筷的主动权等；“敬”和“让”的原理和载体均为以“和”为核心的观念文化和物质文化，目的都是令全体社会成员明确自己的身份、地位、角色，进而按上下分明、长幼有别等规则，遵守自己分内的礼仪。例如，在家宴之上，晚辈对长辈的“敬”、长辈对晚辈以及同辈之间的“让”，其对象都是作为物质的尊位或美食，原理则都是作为深层文化观念的“和”，目的均是维系亲族秩序并加深感情。两者的差异在于：“敬”一般由下位者对上位者发起，如晚辈主动把尊位留给长辈，等候长辈示意才可以开饭，长辈先动筷后自己才开始进餐，席间主动向长辈敬酒并压低酒杯，进餐结束主动等长辈先离席自己再离开等；“让”一般由上位者对下位者发起，或发生于平辈之间，如主人主动招呼客人吃饱吃好，长辈把美食佳肴夹到晚辈碗里，或同辈之间互相劝酒劝菜等。可见，“敬”“让”最主要的区别在于行为主动发起者的身份、地位、角色，行为要符合身份，不可倒行逆施，如敬酒这一行为一般由下位者对上位者发起，并无上位者主动给下位者敬酒之理；而初见破冰时，主动拉近距离的应是上位者，若下位者主动，则有轻率冒进之嫌。于是，也不难理解为何前人未曾重点区分两者：毕竟，如果不立足于汉语国际教育文化教学，对于汉语母语者而言，对身份地位、等级秩序的判断实乃约定俗成，再自然不过，但对于来自异文化的学习者而言，“敬”“让”不但必须加以区分，而且会牵一发而动全身，影响一系列的交际行为，是学习和习得饮食文化的关键点。

为维护“礼”不受破坏，从正面看，需要“敬”和“让”，关键是做正确的事情；从反面看，“礼”有时也意味着禁止，需要注意“忌”，关键是不做错误的事情。

“忌”的重点在于：明确禁忌并避免触犯禁忌。从文化教学的角度，可以将“忌”分为三类：失“和”型、失“美”型和失“礼”型。例如，《礼记·曲礼上》在短短一段中连举20项进餐禁忌，如“共食不饱”“毋刺齿”“毋固获”，就指出了三则古今通用的禁忌：忌只顾自己吃饱而不理别人、忌当众剔牙、忌独自专占食物。其中，只顾自己吃饱属于失“和”型禁忌，当众剔牙属于失“美”型禁忌，独自专占食物属于失“礼”型禁忌。

在中国餐桌上，遵“礼”有助于成功完成跨文化交际。对集体而言，“礼”的维持需要每个个体协同合作、彼此成全、充分发扬合作精神，利己与利他一体两面、一举两得；对个体而言，“礼”的维持可以表达尊敬、展示品质、彰显秉性和家教。犯“忌”则会造成不良后果：对集体而言，会影饮食交际活动中其他参与者的利益；对个体而言，会损害自身形象。可以说“礼”的维持和运转体现了中国文化“人人为我，我为人人”的集体主义思想。在集体层面，个体仅凭自己守“礼”难保不受损害，需要依赖他人守“礼”才能达成良性循环，换言之，只有无私才能成全各人之“私”；在个体层面，中国人注重通过一个人的行为判断其人品和性格，认为饮食活动中的食物选择、进餐姿势、对服务人员的态度等情况会反映教养、个性、人品、人脉、地位等，饮食活动是学习者经营个人形象的舞台，会对其人际关系、社会交往产生深远影响，需要加以重视。

综上所述，中国饮食文化其实是一种感性饮食观念，中国人对食物倾入了感情，相对来说，偏向以感性来加工食材。在中国，食物已经不仅仅是用来填充肚子的必需品。饮食是一种沟通的手段，给人们提供了提升情感和交流信息的机会，甚至是一种化解矛盾的方式。

相比之下，西方国家主要秉持着理性饮食观念。西方人最关心的是食物是否能够提供营养，补充人体所需的热量、维生素、蛋白质等，而食物的颜色、味道、造型等方面对于他们来说不太重要。

二、烹饪方式的差异

中国菜在全世界享有盛誉，它不仅以美味著称，而且本身也被认为是一种艺术形式。一道菜的味道和外观受到许多因素的影响，如配料的加工方式、加热程度、时间和使用调味料的顺序等。中国菜的烹饪方式有煎、炒、炸、蒸、汆、涮、煮、炖、煨、卤、酱、熏、烤、炝、腌、拌、拔丝等。

相比之下，西方的烹饪方法要简单得多，主要是烧、煎、烤、炸、焖等；做菜时各种原料大都单独烹制，很少放在一起互相调和；烹饪的过程也比较规范，调料的添加量精确到克，烹饪的时间精确到秒。虽然说其烹饪方式没有中国的纷繁复杂，但是西方国家的烹饪也形成了一套完整的体系。他们主张营养搭配，在食材的选取上精心专注，所有的菜品制作都有相应的工具和处理方式，还出版了很多权威的盛行全球的菜谱。

三、饮食礼仪的差异

中国饮食文化中“中”“和”的观念在饮食礼仪上同样适用。中国安土重迁的农耕文明使得中国人形成了强烈的“群体意识”，于是人们喜欢聚在一起就餐，集体宴饮也催生了很多饮食上的礼仪文化。以下将从餐具、点菜、上菜、座次、进餐、离席等六个方面来介绍中国人民的饮食礼仪。

①餐具礼仪方面。中餐的餐具中最必不可少的就是筷子，筷子的使用也是有讲究的。所以在吃饭时，要注意以下几点：其一，不要吃筷子，无论筷子上有没有残存的东西，都不能用舌头去舔，而且在夹菜前，也不宜长期将筷子放入口中。其二，不要用筷子敲击碗盘，或者是把筷子悬在半空，似乎想要把其他的东西夹起来的样子。其三，不要拿着筷子在桌上来回移动，举着筷子晃来晃去不知道要夹哪个。其四，长短不齐的筷子摆在桌子上，会被视为非常不吉祥的行为。其五，不要插筷子，尤其是在不用筷子的情况下，不要将筷子插放入食物和菜肴之中，按照传统，这种做法只能在祭祖的时候使用。

②点菜礼仪方面。点菜时应该等大家到齐后，把菜单给客人们看一下，并请他们点菜。但是一般来说，主人请客，客人一般不好意思点菜，最终都会让主人点菜。但是主人需要询问一下每位客人是否有忌口菜，征询一下大家的意见，以示让大家感觉都被照顾到了。在点菜结束后，可以请示一下“我点了些菜，不知

道合不合大家的胃口”“大家看看要不要再加点其他的”等。点菜时要注意菜量，力求做到适中，不要铺张浪费。点菜的时间也不宜很长，应考虑以下几种情况：一是应点本地方的特色菜；二是应点该餐馆的看家菜；三是兼顾客人的饮食禁忌，如宗教禁忌、职业禁忌等。

③上菜礼仪方面。每道菜上来之后，主人都会招呼大家吃。此时，一般是要等最重要或者最年长的客人动筷开吃后，其他人才会开始跟着吃。上菜后，一般大家都有讲究好事成双，菜只有上到两个或者更多的双数时候，动筷子开始吃才比较合适。宴席开始之前，主人会举杯简单说几句开场词，然后邀请大家共同举杯以示宴会开始。在碰杯的时候，如果对方的辈分比我们高或者对方是客人时，我们应该把杯子放得比对方的杯子低一些；如果对方和我们的身份或者辈分差不多，一般把杯子持平就可以了。有的时候餐桌上的客人很多，你很难和距离较远的人碰杯，那可以选择把杯子放在桌子中间的位置轻轻一碰，俗称“过电”，表示间接碰杯。

中国菜的上菜顺序大致相同：先上凉菜，一般凉菜的数量大致是到场人数的二分之一，因为凉菜上菜速度比较快，所以先上，不至于桌面上空太长时间。随后上热菜，之后上点心和汤，最后上果盘。总的来说就是先冷后热，先高档后一般，先咸后甜。在请客吃饭的时候，人们一般不会把主人准备的饭菜都吃光，因为这样会让主人觉得自己招待不周，吃光可能意味着自己准备的菜不够吃。当然这也是中国人民热情好客、讲究排场、爱面子的一个反映，这样也就很容易造成浪费。但是随着时代的发展，人们思想观念发生转变，中国开始大力提倡节俭，所以现如今大家也都开始接受光盘行动，遵循适量点餐的原则，吃多少点多少，如果剩余很多，打包带走也是很常见的。

④座次礼仪方面。在聚会时，人们多会选择圆桌，因为圆桌不仅可以坐更多人，而且可以拉近每个人的距离，方便人们注意到每个人的情况，有利于人们互相交谈，可以多人共同拥有一个话题场，不像方桌那像大多是一对一的话题场。在比较正式的宴会上，座次则是有很多讲究的。简单来说强调面门为上，最尊贵或者最年长的人也就是主宾，要面对门的方向而坐，这个位置位于最里面，正对门口，也方便观察门外进出状况。其余宾客则按照尊卑顺序在主宾两侧依次入座。距离门口最近的位置也是上菜的位置，一般是结账请客的人坐，或者是空余出来

方便上菜，但是不能让客人坐在这个位置，不然会让客人稍感不适，感觉没有得到尊重。当大家都落座后，主人会举杯来开始这场盛宴，邀请大家一起享用美食。宴会期间，主人还要承担起照顾客人的责任，要时刻关注宾客的需求，保证饮品、菜品充足，保证大家都能吃尽兴、聊得开心。

⑤进餐礼仪方面。应邀请宾客或长辈先动筷子，在用餐时，要尽可能地减少夹远离自己的食物的次数，避免与邻近的座位过近，以免影响他人用餐。进餐时要有礼貌，要保持安静。在咀嚼的时候，尽量不要和其他人说话，避免把食物从嘴里吐出来，或者被噎到喉咙，造成不舒服，甚至造成危险。在喝汤的时候，也不要发出声音，要用汤匙来饮用，也不要将汤放在桌上，然后低着头喝。

若要为宾客或长者夹菜时，应使用公筷或将距离宾客或长者稍远处的菜肴移到其身旁。通常情况下，一桌的饭菜都是一盘接着一盘端上来的，如果有领导或者长辈在，每次有新的菜都要客气地让他们先品尝，以示对他们的尊敬。

⑥离席礼仪方面。在吃完饭的时候，应该将宾客们站起来想要离开作为结束的标志，并且礼貌性地对宴席中招待不周到的地方表示抱歉。此外，宴请结束之后，如果菜品点得多了，可以将食物打包带走。之前中国人由于爱面子，点菜时候总是喜欢多点一些，以此表现自己的热情，但这样往往会有很多吃不完。但是如今我们的生活水平提高了很多，温饱问题已经得到解决了，节俭观念更加深入人心。我们提倡适度点菜，如果不够可以再加，但是多了的话还是要打包的。参加宴会，最好不要提前离席，若真有重要的事情必须离开，不能一声不响地悄悄离开，而是应该和主人或者大家说明情况，表示歉意，并请大家继续享用。

相比之下，西方饮食礼仪主要表现为：①西餐的餐具主要有刀、叉、勺子、碟子、餐巾、红酒杯、咖啡杯或茶杯等。②西方人喜欢用长方形的桌子用餐。主人坐在餐桌的短边，其他人按重要性依次在长边两端就座。夫妇居于餐桌两边，对面而坐。③入座前，一般男士会为女士拉开椅子，方便女士就座。④桌上的餐巾有两种使用方式：一种是将其一角折在上衣领口处，吃饭时避免弄脏衣服，同时还可以方便擦嘴。另一种是将其搭在腿上，以免食物掉在身上。⑤在餐具使用方面，基本原则是右手持刀或汤匙，左手拿叉。若有两把以上，应由最外面的一把依次向内取用。刀叉的拿法是轻握尾端，食指按在柄上。汤匙则用握笔的方式拿即可。如果感觉不方便，可以换右手拿叉，但更换频繁则显得粗野。吃体积较大的蔬菜时，可用刀叉来折叠、分切。较软的食物可放在叉子平面上，用刀子整理一下。⑥按照头盘—汤—副菜—主菜—蔬菜类菜肴—甜品—咖啡或茶的顺序上菜。

第五节　中西方时空观念差异

一、中西方时间观念的差异

时间是物质的永恒运动、变化的持续性、顺序性的表现，包含时刻和时段两个概念。时间是人类用以描述物质运动过程或事件发生过程的一个参数，确定时间，是靠不受外界影响的物质周期变化的规律。时间是一个较为抽象的概念，也是思维对物质运动过程的分割、划分。时间是客观物质存在的形式之一，是人们在认识世界、改造世界的过程中逐渐形成的。时间观念是人类对时间的认知和评价，它是人类对时间的主观理解和感受。时间观念的不同，会对人类的生活和决策产生深刻的影响。时间观念是人们对世界的认识和理解，是人们在长期的社会实践中逐步形成的。时间观念会成为一个国家文化的重要组成部分。它是一个民族在长期的历史发展过程中形成的，是文化深层次结构的重要组成部分，会影响人们对客观世界的感知和认识。很多学者通过对时间的认识，把时间观念分为“过去”“现在”和“未来”三种取向。人们总是有意识地从现成事物那里发现时间，究其根原是受到“当前化”存在样式的影响。它存在于人们的操劳活动中，规划、计算、防患于未然等都是操劳活动中表现出的种种人生情态，支配着诸种人生情态的就是人类生存之本质上的时间性。持有不同时间观念的人进行交际活动，也会比较容易造成问题。

时间观念不仅能影响人们的习惯，也能影响人们的思维方式。文化的差异会造就不同的时间观念，所以时间观念跟文化、语言和思维方式有密切的关系。西方与中国存在着文化差异，所以相应的不同国家之间也存在着时间观念的差异。这也是造成跨文化交流问题的主要原因。

中西方在时间观念上的差异主要体现在以下几个方面。

（一）时间认识的差异

对于时间的认识，在时间观念史上形成了循环时间观和线性时间观。循环时间观和线性时间观是两种相反的观念。循环时间观念也称为环形时间观念。对于具有循环时间观的人们，时间算一个圆圈，已过去的总是会回来的，任何事物经过一定的时期之后，都会回到原点。总结而言，循环时间观是指将时间理解为一个圆圈，周而复始，周而复返；而统一物质形态则为线性时间观，这种时间观具有连续性，不可逆行，方向是固定唯一的。

循环时间观念自古以来就在中国文化中存在着。通过了解中国的传统文化能发现中国对待时间的观念往往属于循环时间观。自老子开始的“道生一,一生二,二生三,三生万物”的宇宙时间观就突出表现出了周而复始性。中国传统计时方法采用的主要也是干支法。十个天干和十二个地支相组合得到六十对干支，它们不断循环构成了一个标度体系。据说殷商时代就开始以循环计日。中国古时文化强调天时、地利、人和三者之间的协调统一，“天人合一”是中国哲学的基本精神之一。然而，西方国家对待时间的观念往往属于线性时间观。西方人通常把时间看成一条直线，是一种线性，不可逆转。西方人认为在那条直线上所有的事情只发生一次，不会再有。无论是错过了还是失去了，就都不可能再次还原了。他们认为回到过去是浪费时间，生命只有一次，所以要珍惜时间。

综上所述，中国的循环时间观念和西方的线性时间观念各自都会影响不同国家之间的计时方式，而这种不同的计时方式会影响跨文化交际活动。由于西方人拥有线性时间观念，所以西方人要求计时精确，甚至要精确到每分每秒。由于中国拥有循环时间观念，所以中国人对计时的态度比较随意、散漫。如果中国朋友说他“过几天来看你”或者“以后再说”或者“到时候我请你吃饭”，我们要知道“过几天、以后、到时候”都是模糊的，只是以一种礼貌的形式来对待对方，作为一种礼貌用语。

（二）时间取向的差异

时间取向是指个体对时间的一种总体认知反应偏差，其认知和行为反映了对过去、现在或未来的偏好。具体来讲，可以将这种认知时间的偏向划分为过去取向、现在取向和将来取向，个体通过将自身的经验和意识流筛选到过去、现在或未来，以此过滤并解释个人经历的意义，从而对个体的思想、感觉和行为产生明显影响。

过去取向所强调的是对传统和历史的尊重。中国是以过去时间取向为主导的社会，中国人强调把过去的事情永存于记忆之中。中国历史悠久，具有五千年的历史。虽然中国的经济和社会越来越发达，但是中国尊重自己的历史文化和传统。因此，中国人认为举办各种各样的历史文化纪念活动很重要。而随着中国社会和经济的发展，中国现代的社会慢慢变迁为将来时间取向。在中国的外资企业和政府机关的工作中都带有比较重要的将来倾向。对于现代的中国而言，所谓的“中国梦”能比较充分地代表将来时间取向，主张努力奋斗，就能获得成功。中国的将来时间导向还反映做事情的计划性上，如在中国大学里很多教授会在一个学期的开始就把整个学期讲课的内容、阅读书目都给学生。目前中国人对工作的安排都是有计划性的。

将来时间取向强调的是将来的时间和变化，比较注重未来。西方人认为时间一去不复返，是不能倒流的，所以人们不会抓住过去的事情不松手，而是更多地将自己的精力放在未来，提倡享受生活。由此，西方人认为时间就是金钱，是十分宝贵的，因而在现实生活中每一个人都争分夺秒，不舍得浪费自己的宝贵时间。为了合理利用自己的时间，西方人在开始做事之前往往会先进行细致、周密的规划，以保证一项事情的顺利完成。

（三）时间使用的差异

美国著名的人类学家，跨文化传播学领域的奠基人爱德华·霍尔在《超越文化》里将时间观念区分为“单向计时制”和“多向计时制”两种概念。单向计时制认为时间是线性的，可分割的，就像一条道路或带子向前伸展到未来，向后延伸到过去，单向计时制重视日程安排、阶段时间和准时。霍尔还认为多向计时制往往被看成一个点而不是一条带子或道路。多向制强调分散性与灵活性，即在同一段时间内完成多项任务，但却不重视整体的计划性；单向制则更注重线性与单一性，即在同一段时间内只完成一项任务。拥有单向计时制的时间观念的人在特定的一个时间段里就只能处理一件事情，而拥有多向计时制的时间观念的人可以做几件事情。

中国人跟西方人相比，中国人受单向计时制的影响，而西方人受多向计时制的影响。西方人不善于做仔细的计划，甚至在古巴有一句俗语“谁做计划，谁最后倒霉”，他们认为将来的计划都是模糊的。西方人的行动经常会根据周围的环境发生变化，他们的灵活性和随机性比较强。但是中国人认为时间制约人们的生活方式，应当对时间进行有效的管理，从而提高办事效率。

二、中西方空间观念的差异

所谓空间观念，是指人们在历史发展过程中所形成的、与交际距离以及空间距离有关的一种约定俗成的规则，还包括人们在交往过程中所具有的领地意识。因此，中西方民族在空间观念方面的差异主要体现在空间取向与领地意识两个层面。

（一）空间取向的差异

中西方文化在空间取向上具有明显的差异。空间取向指的是交际过程中交际双方所处的方位、位置等。

以座位排放情况为例，中国人在谈判、开会时，往往会面对面就座，尤其是在一些严肃的场合更是如此。与上述情况大不相同的是，西方人的座位排放更具有随意性的特点，他们在开会、谈判的时候往往呈直角就座，如果两个人在同一侧就座，那么就意味着这两个人的关系十分密切。

（二）领地意识的差异

在领地意识方面中西方人的表现是大不相同的，其中在隐私、领地被侵犯方面的差异尤其突出。

所谓隐私观念是人类对私人事务或领域的感知及其反应的概括性表达，是隐私保护诉求与隐私权产生的认知基础。隐私观念缘起远古时代人类自我意识之觉醒，即人类拥有了将本我同外界相区分的意识。这种对自我与外界的思考与洞察使人类产生了羞耻心。总的来讲，隐私观念萌生于人类自我意识的觉醒与群体生活的人类之天性，与社会、历史和文化背景有着较强的关联性，因而，隐私观念在不同的语境下有着不同的脉络延展。

受聚拢型文化理念的严重影响，中国人在日常生活中喜欢与人分享信息，这意味着中国人在心理上所具有的隐私范围是比较小的，并且领地被侵犯时所给出的反应也是比较小的。于我国而言隐私权虽是舶来品，但是隐私观念却并非如此。隐私观念在我国传统文化中便有诸多迹象可循，如《诗经》中“君子无易由言，耳属于垣”，《论语》中“非礼勿视，非礼勿听”，《五灯会元》中“家丑不可外扬”以及《礼记 · 曲礼》中有关访友接客的相关内容等，实则在某种程度上能够折射出我国传统社会观念中对私密信息、私人空间的价值认同。但是由于我国传统社会中封建礼教、家本位思想以及熟人社会生活模式等因素的影响，使得隐私权产生的思想基础被限制和禁锢，这也就导致了中国人的领地意识是比较薄弱的。

然而，与中国人明显不同，西方人的隐私范围比较大，他们不允许别人侵犯自己的领地或者隐私。追根溯源来讲，西方隐私的出现或许与“基督教个体”相关，隐私作为一种基本的人权与财产权同源，都因神圣的上帝得到证明。作为一个独立个体的人，拥有了独立的自我，自然也就拥有了个人隐私。当然，最初的隐私仅仅作为一种对家庭的保护出现，禁止其他人窥探自己的家庭。在个体观念的影响下，隐私保护的重点从家庭转向个人。

许多人通常认为隐私的概念需要等到美国法学家路易斯 · 布兰代斯（Louis Brandeis）和塞缪尔 · 沃伦（Samuel Warren）的文章发表后才能得以应用，即使是隐私意识的萌发也只能追溯到 17 世纪，中世纪没有隐私，但中世纪的一些诉讼记录表明，中世纪晚期的伦敦就已经出现了保护家庭生活不受窥视的诉求，并依照“惯例”处以罚金。或许不应草率地将隐私的概念限定在现代的背景之下，而应将其视为一种价值取向，抛弃个体的、绝对的现代预设，从公共的、相对的角度看待。这一点可以很明显地从英国公开大学历史系终身教授大卫 · 文森特（David Vincent）所采用的英国视角中反映出来。

自 12 世纪到 17 世纪中叶，隐私只是模糊的动机，没有确切的定义，尽管如今也是一样。这一时期体现出隐私的特征在居所之内和居所之外表现出巨大的差异。房屋结构的改变和私密空间的出现增强了西方人的隐私意识，同时宗教改革中私人祷告的出现以及文字的普及等也对隐私意识的增强有重要影响。

自 17 世纪中叶到 19 世纪初，在交流方式的转变中，隐私得到了进一步发展。印刷和通信使人们不再限于近距离的面对面交流，交通的便利也使原本熟悉的街道上充满了陌生的视线。面对面的交流拓展到户外，家中的聚会也可能迎来新的客人。社交活动的丰富模糊了原本的家庭内外的界限，如何管理家庭隐私成了饱受争议的话题，18 世纪越来越多的司法评论和建议手册中会指导人们协商确定私人与公共生活的界限。通信的增多使信件逐渐变得更私人化，信件被当作私产，只能交由明确的收信人本人拆阅。1660 年苏格兰、英格兰及爱尔兰国王查理二世（Charles II）复辟并于年底通过《邮政法》，三年后规定信件的私密性，1710 年这一规定与保护私宅不受政府随意侵入被一同纳入法律；为方便寄送，伦敦还于 1767 年出现了门牌编号。当然政府依然保留了审查权力，而这种权力在 18 世纪 90 年代的法国大革命中爆发，冲破了以往一切对私人领域的尊重。

整个 19 世纪，隐私沿着两条叙事主线前行，其一勾勒出关于监控个人思想和行为的大讨论，其二展现了隐私在私人领域中的崎岖道路。英国法理学家杰里米·边沁（Jeremy Bentham）的“圆形监狱”，英国小说家乔治·奥威尔（George Orwell）《1984》中的“老大哥”，以及法国哲学家米歇尔·福柯（Michel Foucault）《规训与惩罚》中的组织隐喻，都涉及对监控和权力的讨论。城镇化带来了更多的人口，城市成为社会公共生活的舞台，也成为娱乐的中心。有钱人一直在寻求家中的舒适和幽静，家中的房间也有意地分隔得更多，个人也更容易找到独处的机会。中产阶级的隐私意识增强，但城市化也让公共和私人领域的边界成为问题，人们失去了后花园，也让小孩和妇女更多地被限制在私人领域之中。通信的激增、纸媒的传播以及照相机的发明都加剧了人们对隐私的诉求。

20 世纪，隐私愈发成为西方国家官方推进的课题。底层劳工的生活条件艰苦，与中产阶级已经有了天壤之别。几个家庭共住，共用基础设施，一个家庭挤在一间屋子里，多个人挤在一张床上。人们表达出对独立住房和隐私空间的强烈意愿。政府在有计划地改善住房条件，但也透露出官方不能容忍社群内的家庭环境与行为大幅度偏离社会规范的态度，即政府有权监管家庭内部的行为。20 世纪 60 年代末，80%的家庭拥有自己的草坪和花园，扩展了家庭的隐私边界。汽车的普及让人们拥有了除住宅之外的另一个房间，可以私人通勤，也可移动度假。收音机、电视的普及造就了新的家庭娱乐模式，拓展了个人的精神广度，却也加深了对家庭隐私负面影响的担忧，或许某些负面的东西可能因此渗入私人领域。20 世纪初见证了国家监视行为的开端，通信、福利和全面战争改变了政府对公民档案的调用方式。两次世界大战期间都伴随着全国性的登记机制，战后的妥协方案建立了隐私与监视新的平衡，但在国家安全名义下的监视一直保持着争议。

但大约从20世纪70年代开始，隐私面临着巨大的危机，20世纪60年代中期对隐私的广泛讨论预示了隐私的消亡。监控设备已经在各个角落记录下无数的信息，开始人们只是发出预警，但很快就发现已经无能为力。在对数字技术的狂热吹捧中，那些批评的声音无足轻重。隐私不再只是家庭的愿景，已经成为一项无可置疑的人权。西方人习惯了保留私人空间，私人与公共领域严格对立。

基于这样的历史因素，西方人更加重视对自身隐私和领地的保护，其领地意识也是十分强烈的。

第三章　跨文化交际的影响因素

在如今经济全球化发展的背景下，人们的跨文化交际活动变得日益频繁起来，跨文化交际活动及其过程会受到不同国家和民族的历史文化、思想价值观念、人文习俗以及宗教信仰等因素的影响。因此在跨文化交际视阈下，想要进行更好的交流与沟通就需要了解影响跨文化交际的各种影响因素，最大限度地削弱跨文化交际的负面影响，避免交际冲突的产生，了解各种影响因素，进而符合跨文化交际的需求。本章分为文化因素、环境因素、心理因素三部分。

第一节　文化因素

一、文化的观念体系

（一）世界观

1. 人与自然的关系

中西方哲学思维走出了两条截然不同的路径：中国哲学坚持有机整体的宇宙观，将人投入自然中，以主体与客体的合一为认识的基本前提；而西方哲学则迷恋分解的方法，努力对事物做出本质的区别，将主客体的分离作为认识的基本前提。中国哲学思维喜欢用直觉体验的方式去认识事物，涵盖力极强、极灵活，也为认识主体留下了极大的想象空间；西方哲学思维则通过严密的逻辑推理去认识事物，追求精确、可靠、稳定的知识，力求排除主体理解和阐释对象的任意性。中国哲学以“经世致用”为目标，致力于回答“怎么样”，关心物的功用，有意淡化“事实”和“超事实”的对立；西方哲学则致力于回答“是什么”，它的兴趣在于事物的本质，试图穷尽事物的真理。在这些不同中，最首要和起决定作用的是代表着中西思维方式根本差异的“天人合一”和“主客二分”说。

（1）中国的“天人合一”

宋代张载，首次正式提出了“天人合一”的思想。在前人“气”论的基础上，张载提出了自己的“气”论。张载的“气”，脱离了物质形态，即它不是看得见的云气，或是摸得着的水蒸气。张载的“气”是无形的，是看不见摸不着的，只有当“气”聚合成万物后才会以有形的形式表现出来。张载主张，天与人都是由“气”所构成的，都是“气”的存在形态。因此，“天”与“人”具有共通性，此所谓“天人一气”。张载认为，凡是由“气”构成的万物，都具有神与性的内在。神与性是“气”同一属性的不同方面。神是“气”的动态变化，性是“气”的静态结果，总而言之都是“气”所固有的东西。

具体而言，性又可以分为天地之性与气质之性。天地之性中的“天”是主宰之天，是至上神。至上神是纯善无恶的，因此天地之性就是纯善的。张载主张人之本性源于天，因此人从天那里获得的性也是纯善的。然则，“气”虽构成万物，但人与人之间后天的气质是不同的，彼此间拥有的气质之性也就不同。这样的差异性叫作“气之偏”，张载的理论既维护了儒家主张的性本善论，又解决了现实中存在的善恶之人的问题。后天的气质之性不仅有善的也有恶的，人要想体现与兽相分，就需要纠偏。做法便是打破气质之性的禁锢，以求与天地之性相一致。天地之性是本然的，气质之性是实然的，本然是实然之指向，更是实然应当超越自我的缘由。基于此，张载强调人应当通过自己的努力和国家的教化让自己具有纯善的气质之性，达到本应有的天地之性境界，此即张载在孟子“尽心知性知天”基础上继承与发展的“天人同性”。

总之，从动态上讲，“天人合一”是一个不断提高自身修养，使人与天真正契合的过程；从静态上讲，“天人合一”是一个人理所应当要从实然达到应然目标的结果。张载作为历史上第一个提出“天人合一”的思想家，后人对于“天人合一”思想的发展都是在其基础之上进行的。从远古神话开始，天人关系从雏形状态一步步演进到张载正式提出的“天人合一”，内涵之丰富无法轻易全面展示。但毋庸置疑的是，建立在前人天人关系理论上的“天人合一”思想，承载着许多珍贵的理念。张载“天人合一”的内涵除了“天人一气”，还包含着“天人合德”“天人同性”。此外，张载之后，二程（程颢[①]和程颐[②]）创新地提出了“理也，性也”，认为“性”即为“理”。在二程眼中，在孟子的“尽心知性知天”中，心、性、天都是“理”的不同称谓罢了。张载的“天人同性”就是“天人同理”。除了二程，后世传统哲学家对张载“天人合一”思想也多有研究。虽论证方式不同，但最终诠释的“天人合一”内涵也都大同小异，基本思想是一致的。

“天人合一”思想反映了我国古代人民在当时农业社会的生产力条件下，与自然息息相关、相依共存的密切关系。在中华传统文化中，对自然、人等概念的理解与现代社会有一定差别，但“天人合一”思想中蕴涵着极其丰富的生态智慧，这对于反思现代工业社会对自然的过度开发所产生的负面效应、对于帮助人类选择符合生态规律的生产方式与生活方式具有重要的启发意义。

（2）西方的“主客二分”

在人与自然的关系这一问题上，中华传统文化历来推崇人与自然和谐相处，西方文化则倾向于征服、改造自然。不可否认的是，工业革命以来，这种观念极大地促进了物质文明的发展，但同时也加剧了环境污染、资源枯竭等问题。如今，这已成为西方国家发展的显著制约因素。

20 世纪 70 至 80 年代，西方环境伦理学形成，其中人类中心主义与非人类中心主义的争论最为引人瞩目。人类中心主义强调人类是世界的中心，自然界只是人类生存的先天环境，只有人类才具有内在的固有价值。因此，在处理人与自然的关系时，要将人的利益置于第一位。但非人类中心主义对人类中心主义持尖锐的批判态度，呼吁全面超越人类中心主义的错误思维。这一理论主张非人类的物种同样具有自身的内在价值，所以人类不能随意牺牲其他物种的权利和利益。

从古希腊哲人普罗泰戈拉（Protagoras）“人是万物的尺度”命题的提出，到伊曼努尔 · 康德（Immanuel Kant）“人以自身为目的”以及“人为自然立法”主张的推广，加之哲学家弗朗西斯 · 培根（Francis Bacon）将科学技术理解为改造、征服自然的工具，西方社会在创造巨大物质财富的同时，也出现了诸多环境问题。

---

① 程颢（1032 年—1085 年）字伯淳，学者称明道先生，世居中山，北宋哲学家、教育家、诗人，北宋理学的奠基者。

② 程颐（1033 年—1107 年），字正叔，世称伊川先生，为程颢之胞弟，北宋理学家和教育家，历官汝州团练推官、西京国子监教授。

正是在这样的现实语境下，非人类中心主义理论似乎一时占据了上风。但这一理论的拥戴者把人类等同于自然，将人陷于自然之中，使人无所作为。这并不符合人类社会生活的实践本性，因为人是在改造自然的过程中成为人的。如果剥夺人类合理改造自然的权利，那么生存与发展的物质资料就无从获得，人类也将不复存在。而且从全球的视角分析，由于贫穷与落后，发展依旧是广大发展中国家面临的第一要务。如果按照非人类中心主义所主张的“限制或停止发展”，那么发展中国家便始终无法赶上发达国家的步伐，无法追求属于他们的幸福生活，这是不公平的。于是，人类中心主义的主张又被唤醒，重新赢得了相当多的认同。然而，分歧依然存在，西方国家甚至在减排、低碳等似乎不应再有争议的问题上也依旧难以形成共识。通过这一争议，不难发现，人类中心主义和非人类中心主义在思维方式上无疑陷入了非此即彼的二元论立场。在人与自然的关系问题上，它明显缺乏中华传统文化中天人合一的一元论立场。也许正是基于此，当代许多西方学者开始关注到中国以儒道为代表的敬畏自然、追求天人合一的传统。例如，英国历史学家阿诺德·约瑟夫·汤因比（Arnold Joseph Toynbee）认为人类未来的文明如果不以儒家天人和谐思想为范式的话，人类的前途将是可悲的。

2. 人与社会的关系

（1）中国群己合一、中庸和平

在中国原始社会，农业生产力低，剩余产品不足，所以人们为了求得生存就聚族而居，形成了以血缘为纽带的封建宗法社会。由于这种宗法社会解体不彻底，如今依然有一些以姓氏命名的村庄，村子里的人大多有亲戚关系。宗法社会是群体生存方式，保持与群体的和谐是迫于生存的无奈。儒家所提倡的“中庸”或“中和”思想，是指个体在思想行为上的节制、适度与守常，最终在原则和个性的协调中达到一种“和而不同”的辩证理想境界。

（2）西方人我二分、崇力尚争

大规模的海外殖民和城邦商业文明使古希腊血缘家族解体得比较彻底，成为奴隶制城邦国家。在这样一个商品经济社会，“个人本位”是主要的特征，人们成为经济、政治独立的自由人，倡导民主、平等以及个人存在价值。西方“人我二分，崇力尚争”的民族文化性格由此产生，这一点可以从充满残酷斗争的古希腊神话中看出来，因为古希腊神话是西方文明的源头。另外，作为古希腊的一个重要城邦，斯巴达对身体与力量的崇拜相当强烈。西方文化这种竞争的传统不仅体现在军事和政治领域，更体现在商业和经济领域。自近代资本主义兴起以来，西方各主要资本主义国家基本上采取自由竞争的市场经济体制。

3. 人与自身的关系

（1）中国知行合一、笃行致远

"知行合一"这一概念最早由明代思想家王守仁[①]提出。在王守仁那里，"知"指的是良知。而"良知"一词最早由孟子提出，孟子认为良知为人先天所具备，是人与生俱来的道德本能。王守仁继承了孟子的思想，提出良知知是知非，且良知人皆具备。"见父自然知孝，见兄自然知弟，见孺子入井自然知恻隐，此便是良知，不假外求。"

"行"指的是致良知，即追求良知并依良知而行的实践。王守仁认为致良知就是行良知，就是通过自觉规正意念和行为从而体证到内心本有的良知，进而依内心良知而行，将心中良知由己推人，并扩充至万事万物。"知行合一"意为知中有行，行中含知，知与行是同一活动的两个不同方面，犹如一枚硬币的两面，在时间上没有先后次序。一方面，知中有行。人们对于良知会情不自禁心生向往，在心生向往的当下"致良知"行动已经开始，良知充塞流行，生发为具体的行动。另一方面，行中含知。人们在致良知的实践活动中，良知始终处于觉醒状态，监督着人们的实践活动，使行动更具合理性。

（2）西方灵肉二分、情理二分

柏拉图的二元哲学将理念世界与现实世界对立起来，促使了西方灵肉二分观念的形成。在西方人眼中，他们普遍认为人的肉体是自己的，是有情欲的；而灵魂是超验的、理性的精神，和身体是脱离的。

（二）价值观

价值观是一种社会意识，是指人们根据自己的需要断定客观事物有无价值以及价值大小的根本观点和评价标准。价值观是基于人的一定的思维感官之上而做出的认知、理解、判断或抉择，也就是人认定事物、辩定是非的一种思维或取向，

① 王守仁（1472年—1529年），汉族，浙江余姚人。字伯安，世称阳明先生，故又称王阳明。中国明代最著名的思想家、哲学家、文学家和军事家。陆王心学之集大成者，非但精通儒家、佛家、道家，而且能够统军征战，是中国历史上罕见的全能大儒。

从而体现出人、事、物一定的价值或作用。由于社会语境和历史文明演变的不同，不同国家、不同种族、不同民族的价值观不同，甚至人与人之间也存在价值观差异。

1. 核心价值观的差异

核心价值观是价值系统内最基本的、比较恒定的价值观。具体来说，核心价值观在一个社会文化的价值体系中居主导地位，是人们长期普遍遵循的核心价值理念及最高价值准则，为人们提供精神动力和智力支持的核心价值目标和价值导向。

中国传统价值观比较保守，讲究谦虚卑训、克己守道，家庭观念较重，提倡家和万事兴，多以大局为重，家国情怀较强。例如，“夫唯不争，故天下莫能与之争”“雷锋精神”“焦裕禄精神”就是集体主义的写照。从先秦子学、两汉经学到宋明理学，从儒、墨、道、法到佛教经典，都把“和”视作一个重要的价值理念。

与中国不同，西方社会在反封建的基础上，形成了个体主义、主体主义、自由主义的资产阶级核心价值观。西方文化价值观的核心是以个人为本位的人生哲学，包括自主动机、自主抉择、独立空间、自我支配等，高度重视自我价值的追逐和自我实现。

2. 道德价值观的差异

道德价值观是对各种涉及他人利益行为的价值的概括化。道德价值观作为意识形态的组成部分，受一定社会的经济基础、历史传统和社会结构共同影响。道德价值的实质体现在处理个人与他人及社会利益的关系问题上，不同的社会和阶级具有不同的道德价值视。

中西方无论是在古代还是在现代，其核心道德价值观之间的差异也是很明显的。中西方的道德建构有很大的不同，西方道德观立足于个人，具有英雄主义倾向，追求个人的幸福，私欲大于德欲，擅于人物之间的情感表达。中方的道德观往往是反功利的，注重仁、义、礼、智、信，讲究集体主义、禁欲主义，往往以隐忍自己、顾全大局为重，人物表达情感较含蓄、内敛，如道德经中的“见素抱朴，少私寡欲”。在中国的传统道德观中，往往将个人的行为举止以及幸福与社会团体联系起来，将道德观道义化。

中国崇尚整体主义而西方信奉个人主义。中国人以祖宗为神圣，西方认为上帝才是至上而神圣的。中国的孝讲究“无违”，不违逆父母的意志；西方讲求平等，不需求子女无条件地服从。

二、文化的规范体系

（一）制度

不同学者从不同角度、不同层次对制度的内涵进行了探究与完善。关于制度，学术界有不同的定义，列举如下。

①制度是一种限制人们相互交往行为的框架，其主要作用是通过激励来实现的，可以分为正式规则（宪法、合同等）和非正式规则（规范、习俗等）。

②制度为经济社会中个人所遵循的行为准则，是人们控制不确定性和提高个人效用的手段。

③从博弈论的角度，制度被视为经济社会主体所创造的用以解决问题，并反映人们策略选择的规则安排。

④制度是一种内生于参与人策略选择过程的博弈规则，不同制度之间是相互依存、相互补充的，而相同制度由于不同的社会博弈往往产生不同的结果。正式制度与非正式制度之间总是存在着补充或替代的相互关系，法律、政策等正式制度不能与地方风俗、文化等非正式制度相悖，否则难以发挥其实际作用。从非正式制度、正式规则、博弈、经济活动四个层次把制度进一步细化，非正式制度属于最高层次，它的特征和变化会影响到宪法、法规等正式制度环境，第三层次的博弈目的是节约交易费用，进而指导和影响第四层次的生产、交换等活动。

综合来看，不同学者对于制度是一种规则存在共识，将制度定义为经济主体在政治、经济或社会领域里行动的规则，人们进行决策和参与经济活动会受到制度的影响和制约。制度包括确定的、成文的、大范围内适用的正式制度，如政治规则、经济规则和契约等，也包括多样的、不成文的、特定领域内适用的非正式制度，如道德、规范、习俗和文化等。地区制度差异则考虑的是我国不同省级行政区在经济规则、社会结构等方面存在的差别，也包括正式制度和非正式制度两个方面的差异。

第一，正式制度。正式制度作为制度的重要分支，其制定和变迁会对经济活动产生深刻影响。宪法、产权制度和契约等都可以视为正式制度，构成人们生活和经济社会运转的基本秩序。基于正式制度与非正式制度的联系，可以将正式制度分为诱致性变迁型和强制性变迁型两类，前者适应非正式制度的要求出现并经过制度制定者确认，后者由人们有意识地设计并创造出来。产权保护水平、政府干预水平和金融发展水平等可以划分成正式制度的内容，而政治关系、政府联系等则可以划分为非正式制度。正式制度总是与国家权力或某个组织相关联，在产业政策制定、税收补贴安排、就业等方面发挥着重要作用。正式制度具有权威性、稳定性和强制性等特征，其在确立后对于个人、企业而言是一种外生的约束规则，并且正式制度的实施有赖于法律文件和权力机构的保证，包括法律、法规、政策、规章以及其他正式契约等。

第二，非正式制度。作为一种基本秩序，正式制度仍然只能约束和限制小部分的经济行为，而行为规范、惯例等非正式制度则在人们的日常活动和社会交往中有着更为广泛的影响。非正式制度是非常重要的，同样的宪法、政策等正式制度在不同的社会中实施，所产生的结果可能不同。在人们长期的社会交往中，非正式制度安排得以形成，其具有持久的生命力，并构成世代相因、渐进演化的文化的一部分，主要包括价值信念、伦理规范、道德观念、风俗习性、意识形态等因素。制度具有规制性、规范性和认知性三大要素，其中非正式制度更加偏向规范性和认知性要素。非正式制度更像是由群体成员共同协商约定的行为规范，相当于一种非正式监督机制。与正式制度相比，非正式制度的内容更加复杂，表现形式也更加多样，是融合了社会结构、思想习惯、社会网络、文化传统、社会信任等诸多因素的复合体。社会资本的功能与制度具有一致性，社会网络和社会信任作为社会资本的两种重要形式，仅在特定的社群内部起作用，可以作为非正式制度来研究。非正式制度总是要与特定的地方性知识相联系，非正式制度的具体特征需要结合不同地区的特定环境来表现，这也是它能造成广泛、持续影响的原因所在。非正式制度具有非强制性、广泛性和持续性等特点。

（二）礼仪

礼仪主要是针对人际交往而设定的一些行为规范，包括仪式、礼节等，目的在于使彼此能够和平共处。礼仪的发展也是人类文化发展的一种记录。礼仪源于原始社会中对神的敬意的表达，在奴隶社会和封建社会发展为对社会上层结构和统治者的敬意，又在近代社会发展为对人的尊重。不同时代、地域、民族、国家的人们对礼仪持有不同的看法。

中国素来有“礼仪之邦”的称谓，由此可见礼仪在中国的地位，并且古汉语常常将“礼”和“仪”单独使用，其中“礼”几乎包含着所有的生活规范。中国传统社会中的“礼”不仅影响着政治和公共领域，还左右着日常生活，可以说涉及面相当广阔。尤其是儒家提倡“以礼治国”，形成了博大精深的礼学，成为中华传统文化模式的重要特质。在中国，礼与民族生活和民族精神融为一体，因而是永远不能改变的。

（三）习俗

社会习俗反映同一时代社会的共同特点，它作为社会生活的重要组成部分，不同的社会往往会呈现出许多不同文化间的明显特征。社会习俗是一个民族、一个社会群体长期养成的习惯，往往是随意的，在无意识中养成。

（四）禁忌

1. 禁忌的概念

《大辞海》（第六版）对“禁忌”做了如下解释：禁止普通人接触的事物或人，以及其他禁忌的概念、语言、行为等。为了更好地理解禁忌的含义，本书从以下三个方面对其进行更为详细的阐述。

第一，禁忌是一种否定性的行为规范。无论是古代的图腾崇拜、精神崇拜、鬼神崇拜等观念带来的恐惧，还是后世吉凶厄运等观念带来的忧虑，体现在心理层面都表现在一个忌字上。禁忌是一种精神上的东西，这种“禁止”和“克制”的行为通常是没有表象的，然而实际上，无所表现也是一种行为，因此“禁止”或“抑制”的行为同样也是一种行为。这就是为什么禁忌制度在整个民俗文化体系中是一种没有外在行为却有意识的民间形式。当然，我们遵守禁忌和违反禁忌实际上也是一种行为过程。

第二，既然禁忌属于一种心理层面的民间信仰，那么，如果说违反禁忌所带来的不幸或遵守禁忌所带来的安宁，就应该只停留在心理层面，也可以说只停留在精神层面。如果想象中的不幸必须通过禁忌的违反来实现，那么禁忌就不能成为禁忌，而是一种行善的忠告或一种生活常识。例如，“不要在屋内放火”，其实，显而易见，这句话并不是禁忌，而是一种生活常识。因为这种放火的行为如果不加以禁止的话，势必会造成很严重的后果，由此可以看出，这并不是人们心理层面上所想象的不幸了。因此，我们可以理解为禁忌是没有规则可循的。某种语言、某种行为与人们认为即将到来的邪恶后果之间并没有直接的联系。

第三，禁忌带来的惩罚是不可抗拒的。禁忌强调的是行为之后的结果，而不是动机。不管人们是否有意，也不管违反禁忌的人是什么身份，他都会受到惩罚。这也符合禁忌具有惩罚功能的特点。德国文化哲学大师恩斯特·卡西尔（Ernst Cassirer）认为无论是无意的还是有意的行为，效果都是完全一样的。禁忌的影响与人无关，是被动传播的。一般来说，禁忌指的是不可触碰的东西。

综上，我们可以认为，禁忌属于一种心理层面的民间信仰。此外，禁忌作为一种否定性的行为规范，其更强调的是行为之后的结果，因此，禁忌带来的惩罚是不可抗拒的。

2. 禁忌的分类

禁忌作为一种文化现象，现已存在于人们日常生活的方方面面。关于禁忌的分类，不少学者依据的标准不同，那么具体的分类方式也就存在着差异，列举如下。

①禁忌分为四个方面，分别是语言禁忌、节日禁忌、礼仪风俗禁忌和日常生活禁忌。

②可以按禁忌的信仰、禁忌主体行为、时间、地域、宗教、人种、民族、职业等对禁忌做出不同的分类。

③禁忌也可以分为日常生活禁忌、语言禁忌、性别禁忌、岁时禁忌、生产禁忌、礼仪禁忌和动植物禁忌。

综上所述，基于跨文化交流的视角来分析禁忌问题，从语言交际和非语言交际两个角度来对禁忌进行分类，禁忌可分为非语言禁忌与语言禁忌。

非语言禁忌是指在跨文化交际中，由于不同的文化，需要特别注意和规避的行为与举止，与人们的社会生活密切相关，受到人们日常行为的影响，并且反过来规范和约束人们的日常行为。例如，为人处世、待人接物以及衣食住行方面的禁忌，都属于非语言禁忌的一部分。

语言禁忌是指人们在交际中由于某种原因不能、不敢、不应该或不愿意说出某些词语，这些词语被认为是危险的或神圣的，有些令人尴尬，有些令人不快，它们通常只用于某些人或某些场合，这种现象被称为语言禁忌。

3. 禁忌带来的交际影响

正如遵守交通规则是安全行路和行车的必要保证一样，了解禁忌、掌握禁忌，对禁忌予以必要的重视，并按其要求合理约束自己的行为，不仅能保证一个人的正常工作和生活，还能极大地促进人际交往和事业发展，提高人的生活质量和幸福感。当然，如果不了解对方的禁忌，那么在交际中就会产生负面影响。

（五）语境文化

语境，顾名思义指的就是使用语言的环境，而语言是由一个个字词构成的，语言本身是没有任何意义的，除非将所要表达的语言寓于一定的环境中，即语言只有置身于其所属的文化和社会的语境中才会有全面的意义。美国文化人类学家爱德华 · 霍尔在 1976 年出版的《超越文化》一书中提出文化具有语境性，并将文化分为高语境文化与低语境文化。

1. 高语境文化

高语境事物具有预先编排信息的特色，编排的信息处于接受者手里及背景中，仅有微小部分存于传递的信息中。爱德华 · 霍尔提出的高语境文化中，说话者的言语或行为意义源于或内化于说话者当时所处的语境，他所表达的东西往往比他所说的东西要多。现今广泛地应用于跨文化交际学及文学等领域的研究之中，他提出语境的高低决定着信息传播的强弱，而高语境的文化往往通过较少的文字、语言传达较多的信息，委婉而内敛。

高语境文化具体是什么？也许你常常会听到这么一个谚语“言有尽而意无穷”，作者利用有限的文字传达事物背后的深厚意蕴，欣赏者则在深入理解情、景、境的基础上，通过感悟使心物交融，引发人们的无尽想象与联想，在意义的传达中达至无言的妙境，是作者与欣赏者同处于同一语境文化下才能够深刻感知的情感。霍尔认为在不同的语境下，信息意义的编码和解码有着显著的差异，这是造成当前中西方跨文化交流出现一系列误解和隔阂的直接原因。

高语境文化现今在跨文化交际、影视作品、文学作品、音乐、绘画及教学活动中被应用，以电影行业为例，想要向世界传达中国文化，就必然要对电影的呈现进行思考，用中、西方都能够了解的方式来简化中国高语境所具有的复杂晦涩的含义，以西方观众能够接受的方式表达中国的理念。在今天信息技术高度发达的背景下，中国要更加开放地面对西方文化，这样才能使不同文化“异源合流”，以空间为文化载体向受众者传达高语境文化的内涵。

2. 低语境文化

低语境文化是指在此种文化的语言交际过程中，交际信息的创造主要依靠交际语言本身，即交际信息的创造不是依赖于交际语境，而主要依赖于交际所使用的语言。像美国文化、德国文化、加拿大文化以及多数欧洲文化都属于低语境文化。

3. 高低语境文化带来的交际影响

美国、德国、瑞士等国家作为低语境文化的代表，其国民讲话倾向于直截了当；而中国作为高语境文化的代表，人们的交谈方式更倾向于含蓄和委婉，并且通常善于运用手势、面部表情等一些非语言表达方式来暗示自己的意思。

中国人自古就比较好面子，注重和谐，因此中国人通常在拒绝别人时表达得非常含蓄，这种文化的差异在中美、中德的交际过程中通常容易造成误解。例如，不同的恭维语表达和恭维语应答体现了不同的文化差异。在西方，丈夫恭维妻子是很自然的事，但在中国很少发生，尤其是在公共场合，因为中国人害怕被误解为奉承，认为这是很肤浅的。对于中国丈夫来说，抹去别人对妻子容貌或衣着的赞美被认为是谦虚和自然的，而西方男人赞美别人的妻子是很自然的事。拒绝这样的赞美意味着他对美的判断是有问题的，或者赞美不是真诚的。但如果一个中国男人对一个中国女人说同样的话，那就很可能被认为是一种调情。

第二节　环境因素

一、物理环境

（一）地理环境

人类受到周围环境的影响扩展到人的生活中的所有方面，包括食物、饮料、住房和衣服，以及人的个性、习惯、行为等。毫无疑问，环境对人的影响是潜移默化的。

1. 中国

其一，地域辽阔。中国地处世界上最辽阔的欧亚大陆板块东侧，东临最浩瀚的大海——太平洋，西南部是世界屋脊——青藏高原西南、西部、西北部深入大陆腹地。诚如《尚书 · 禹贡》所言："东渐于海，西披于流沙，朔南暨声教讫于四海。"如此广袤的疆域为中华民族的生存、发展以及文化的繁荣提供了广阔的舞台。

其二，地形多样，状态封闭。1800 万年前的地壳运动造就了青藏高原，并形成西高东低的三级地势。山地、高原、丘陵、平原、沙漠、盆地等地形应有尽有。但从中华文化产生的整体地域条件来看，中国是一个封闭的系统，像一个向心圆，这首先体现在中国东海虽然有漫长的海岸线。但是它的形态呈现出规则的半椭圆形，并没有直接深入内陆腹地，具有向心的选择。它的文化品性不是向外的，而是向内的。其次，对外文明交流的陆路交通也不顺畅。西南部有青藏高原相阻隔、西北及北部是人迹罕至的荒漠和戈壁。纵观历史，中国的核心区域虽然沿着黄河流域做东西摆动，但从没有到达过海洋。

其三，气候复杂。南北气候跨度极大。橘生淮南为橘，生于淮北则为枳。一国之内，风土迥异。由于中国地域大部分处于北温带，季风气候显著，加之内陆广阔，是典型的大陆性气候。

综上所述，传统的中华文化是封闭内向的大陆性文化。这些特定的地理环境既是中华文化产生的前提，同时又影响着该文化的发展。中华民族自身活动的天地是极其广阔的，其文化的创造与发展无需侵犯掠夺他人的土地。这给中华文化又添了一笔封闭保守的色彩。多样的地形加以复杂的气候造就了大量异质的生态景观，其中的文化景象也相应地呈现出多元的内容。整体封闭的地理条件使得中华文化具有强烈的原初性。它自成一体、一脉相承且恒久稳定，多个民族文化共存共荣，表现出适应性强、包容性强的特点。

历史上无论外族入侵还是政权更替，中华民族的统一性和整体性始终占主流地位，面对异质文化的冲击，总是能产生出巨大的排他性。中国的自然环境十分适合农业生产。自给自足的小农经济以家庭为单位，其各个环节都可以在很小的范围内完成。这阻碍了家庭分工向社会分工的演进，进而阻碍了商品经济的发展。农业对土地具有刚性的依赖，人的生存对农业也具有刚性的需求，因此，重农抑商是历代的基本国策。小农经济还使中国先民们与自然之间产生出一种共生的情感，只要遵循节气，“天人合一”就可以生生相息，而对于未知，不必甚解，也不求甚解。由此，民族性格里便有了求稳、恶变、保守的一面。男耕女织的自然经济使得家族快速发展，起初依靠血缘来维系的家族，为了生存壮大还要有领导核心和宗族观念，于是家长制和宗法制便应运而生了。家族扩大了便是国家，正所谓“家国同构”，中国政治上推行君主专制，利用宗法制将父子的伦理观念推及君臣，使君统与宗统互为表里。这一特点对中国文化影响极大。

2. 西方国家

西方文化的摇篮——古希腊的地理范围包括希腊半岛、爱琴海诸岛、克里特岛、小亚细亚半岛的西部沿海以及黑海沿岸地区。古希腊的地理和自然环境主要有三个特点：第一，小且多。希腊为半岛形态、面积小、地形多，从南到北山峦纵横、沟壑交错，平原被分割成众多狭窄的区域、砂石密布、十分贫瘠，不宜农业生产。第二，岛屿众多，海岸线曲折多变。众多天然的良港，海水波澜不惊，为希腊人发展航海业和对外贸易提供了得天独厚的条件。第三，典型的地中海气候。秋冬温暖多雨，夏季干旱少雨，不适合传统粮食作物的生长，因此，古希腊人只能种植橄榄等经济作物来换取粮食。利用地处欧、亚、非三大洲交点的优势，古希腊人打破单一的农业生产，采取一切可能的生存手段与外界文明进行广泛的经济交流，推动了商品经济和贸易的发展。随着航海范围的扩展他们知道海外还有海，凭着冒险精神和对商业利益的野心以及精明的头脑，他们创造了更多的财富，这种开放的文化对西方影响很大。西方的家教注重培养独立生活的能力、进取的精神以及理性的思维。在政治结构上，如古希腊，最初的血缘氏族群体被城邦民主制所取代，后者以地域和财产关系为基础。这种民主制雏形垂范后世，也影响了西方人的性格。他们不像中国人讲究纲常、尊卑，而是更重视自立、平等。

（二）气候环境

气候环境包括气温、湿度等内容，是人类生存的物理环境。它在人们的生活中形成了很大的自然背景，具有一定的“烘托作用”，也会对人们的交际行为产生比较微妙的影响。人们把气候按照气温、湿度等方面的标准大致划分为寒带气候、温带气候和热带气候等不同种类。在不同气候环境的影响下，人们形成了不同的生活习性。

1. 居住在不同气候环境下的人们性格不同

居住在不同气候环境下的人常常会呈现出不一样的面貌，如生活在温带气候中的人往往比生活在寒带气候中的人更加温和，而生活在热带气候中的人一般比生活在温带气候中的人更加热情。

2. 季节变化引起的社会现象

季节或气候的变化与人的社会行为之间的关系非常密切。人的身体在不同的季节会有不同的感觉，精神状态、工作热情也会发生变化，因此人们在不同季节或气候下的工作效率也不尽相同。

二、社会环境

（一）角色关系

1. 角色概念

（1）社会角色的概念

社会角色这一概念是人们把与戏剧有关的一系列术语引入社会学后形成的。当置身于不同文化环境中时，就应该按照其社会期望和社会规范扮演应该扮演的角色，并通过这个角色进行交际。

社会角色是一系列社会行为模式，它是由个体的社会地位和身份所决定的，同时符合社会对其的要求和期望。只要符合上述特征，都可看作社会角色的范畴，换言之，社会角色是与人们的社会地位、身份等相符的，符合一定社会期望的行为模式，是社会群体或组织的基础。

（2）社会角色的划分定位

社会角色根据不同的划分标准，可以分为不同的类型，如根据角色存在形态的维度可以分为理想角色、领悟角色和实践角色；根据其获得方式即是否通过自身努力获得，则可分为先赋角色和自致角色；根据角色规范的制约程度即对该角色的行为方式和规范是否有明确的规定，则可以分为规定性角色和开放性角色；根据角色扮演者的意图及其所追求的目的，可分为功利性角色和表现性角色等。我们在企业中为企业工作时，对于企业而言，我们扮演着员工的角色；对于企业中的其他人而言，我们扮演着同事的角色。回到家后，对于父母而言，我们扮演着子女的角色；对于子女而言，我们扮演着父母的角色。如果是在学校，我们扮演的角色可能是教师、学生；如果是在医院，我们扮演的角色可能是医生或患者；如果是旅途中，我们扮演的角色可能是司机或旅客。

在人际交往中，我们的社会角色会按照我们的社会属性进行迅速的划分定位。只有在这些划分定位的基础上，我们才能够被社会规则所接受，才能决定需要关注的内容与做的事。

如果不按角色所要求的标准做事，那么就无法形成合理的生活规律和生活观念，也会对整个社会的稳定造成一定的影响；而且在这样的情况下，个体往往会与社会格格不入，最终在一定程度上被社会所限制，甚至可能被社会淘汰。

（3）社会角色的不同标准

我们该如何对自己的角色以及角色行为标准进行规范呢？我们做到什么程度，社会才会认同我们的所作所为呢？下面将列出几个参考标准。

①是否对自己应当扮演的角色有准确的定位。

②对角色定位之后，是否具有一定的角色标准。

③在准确定位角色，具有一定的角色标准的情况下，能否满足角色各方面的要求。

（4）社会角色的规范功能

社会角色具有规范人们社会交往行为的作用，不仅对社会上各个成员的所作所为的规范性有一定的要求，还对不满足要求的社会角色有一定的惩罚措施，其目的是要让所有社会角色都达到相应的社会标准。

（5）不同社会角色的文化差异

目前，中西方的交往越来越密切，不同国家的人有更多的机会进行面对面的交往活动。在这种情况下，不同文化背景下的不同社会角色之间的交往常常会体现出一定的差异性。下面将从“主客关系”的角度对不同社会角色的文化差异进行分析，主要涉及两方面的内容。

①中国文化的好客之道对他人造成的困扰。客人这一角色在中西方文化中的意义是不一样的，因此不同国家的人招待客人的方式也是不一样的。中国式的客气、谨慎和敏感往往会使其他国家文化的人觉得非常不自在，进而产生一系列不必要的困扰。因此，我们在与其他国家的人进行跨文化交际时，需要提前对对方

国家的文化进行了解，并尽最大努力，积极调整自己的行为，使自己适应对方的文化。例如，中国人在吃饭时往往喜欢热闹，而且喜欢在吃饭时聊天，但西方人则不习惯这种热闹的氛围。

②西方人的坦率给他人造成的困扰。某个中国人在参加西方朋友的宴会时穿了十分正式的西装，准备了很隆重的生日礼物，希望给朋友惊喜，并且打算在朋友家享受生日餐。但是，当他到了宴会现场时，他发现别人都穿了休闲装，而且生日礼物被当面打开，也没有正式的生日大餐。这让他显得格格不入。

2. 角色关系

（1）角色关系的社会类型

在交际中，社会角色往往有上下级交际和平等交际等类型。例如，在生活中，较为正式的交际形式能够表现出交际双方的不同地位，而非正式的或较为随意的交往往往是朋友或其他比较亲近的人之间的交往。因此，在与他人进行交流之前，要对自己和他人的关系以及双方的地位有所了解，并在此基础上按照一定的规则进行交流。这样不仅显得有分寸，而且能够使自身避免不必要的麻烦，减少他人的误解。

（2）角色关系的文化差异

角色关系的文化差异包括人际交往中的不同称呼体现出来的文化差异。在我国，人与人之间的交往常常十分注重称呼。如果对方有一定的社会地位（如对方是教师），人们往往会使用尊称而不是直呼其名。这是有礼貌的一种体现。西方人在交际时则认为人与人之间没有称呼方面的上下级礼仪，学生常常会直呼教师的名字，这种交际行为将本来不平等的社会关系转化为平等关系，是平等观念的体现。

（二）人际关系

所谓人际关系，社会学将其定义为人们在生产或生活中所建立起来的一种社会关系；心理学则将其定义为人与人交往时所形成的直接的心理上的关系或心理上的距离。人际关系，即“人际交往”，反映的是人与人之间在寻求满足彼此社会需求时的心理状态。因此，若在交往中彼此的社会需求不断地得到满足，那么彼此的心理距离就会不断地被拉近，继而促使一个人对他人不断产生心理倾向并不断做出相应的动作，从而就会形成人际关系的良性循环；反之，如果在交往中彼此的社会需求不能得到满足或由最初的能得到满足变成不能得到满足，那么彼此的心理就不会走近，就无法形成亲密关系，或者会由最初的密切关系发展到后来的疏离关系。

人与他人在社会中都是有着各种各样的关联的，人的存在就是各种各样的关系发生作用的结果。人际交往是人的基本的社会需求，人正是通过与别人发生关系才能了解自我、完善自我、接纳自我、表达自我、发展自我；在人际交往中自我实践、自我肯定、自我检测社会心理是否健康，从而最终实现自我价值。

人在社会中不能脱离他人而单独存在。人际关系作为社会关系的一个侧面，其外延很广，包括亲子关系、亲属关系、朋友关系、同学关系、师生关系、上下级关系、战友关系、邻里关系、老乡关系、同事关系等。影响人际关系的因素有很多，主要有地理因素、心理因素、文化因素和社会因素，其中最重要的因素就是地理因素，地理的空间距离越近，人与人接触和交往的机会就越多，就越容易熟识。由于中西方不同的地理环境、不同的思维方式、不同的价值观念、不同的历史文化等，所以中西方人际关系的处理方式、基本原则也会截然不同，当然，这种不同的人际关系也会影响中西方的跨文化交际。

1. 中西方社会人际关系格局及其差异

（1）传统中国社会人际关系格局

①社会结构。社会人际关系的形成离不开社会结构。对于我国来讲，宗法血缘关系网络是社会结构形成的核心和基础，无论是朝代变迁，还是时代更迭，这种宗法血缘关系网络都不会发生根本性的变化。因此，尽管我国的宗法社会结构早已解体，但是宗法意识一直留在人们的心中，渗透在人际关系网络中。

②伦理纲常。伦理纲常的不变性也是我国人际关系格局不变的一个重要原因。中国几千年的传统文化都是围绕儒家“三纲五常”而来的，统治者通过“三纲五常”来规范社会道德，使社会各阶层安居乐业，维持了社会的稳定。伦理纲常对塑造中华民族性格起到了一些积极作用，如重视主观意志的力量，注重气节、品德，自我节制、发奋立志，强调人的社会责任和历史使命等。

（2）西方社会人际关系格局

西方社会的人际关系格局形成于古希腊时期，经过几千年的发展，才形成了现代西方人所遵守的人际关系格局。其具体发展历史如下。

①较早摆脱血缘关系纽带。从历史文化以及人类社会的发展来看，西方国家被海洋包围，各种原因造成的对外联系阻断和内部矛盾不断上升，使西方国家以商业活动为起点，以武力征服为手段，以获得更加广阔的发展空间为目的，对新大陆进行不断的探索和迁徙。这造成了他们的血缘纽带无法维持长期的稳定，因此以财产关系，即资本关系为基础的交际纽带逐渐形成。另外，民主政治家克里斯提尼（Clisthenesis）推动了旨在打破雅典社会结构残存的血缘姓族结构的政治改革，这也为新的人际关系格局的形成带来了非常重要的影响。新的社会结构关系直接宣布废除世袭世禄的种族血缘纽带制度，让人民选举国家公职人员，等级制度逐渐被取消。这使得平等意识逐渐萌生并发展，并形成了新的人际关系格局——民主政治。

②西方国家法律中的平等观。1776 年美国颁布的《独立宣言》体现了资产阶级自由平等的民主原则，强调人们生而平等，万物自由，上天赋予了人们生存的权利，同时也赋予了人们追求自由、追求幸福的权利，而政府就是为了保障这些权利而设置的。1791 年，法国通过的《人权宣言》极大地促进了资本主义的发展，并且指出人民生来平等，并且只能平等。所有人都具备自由的权利，任何人都不能对他人进行束缚，也不能对他人进行压迫。这些历史著名事件巩固了西方社会崇尚平等的人际关系。

（3）中西方社会人际关系格局的差异对比

在古代中国，民一定要“顺”是指人民要顺从为官者的指示，服从管理。在一个家族中，族人必须臣服于家族的族长。家长文化也是如此，一家之中，家长有着绝对的权力，主宰着家庭中的一切，所有家庭成员都必须顺从于家长。在这样的社会教育制度下，很多人都缺少独立自主的意识，没有敢于闯荡的勇气，缺少创新的意识，独立性不强。

中国的一位知名的幼儿教育者有过这样的经历：她随一个教育工作代表团访美，参观了位于加利福尼亚州的一所幼儿园，并且在参观的时候旁听了一节课。在课堂中，一位女教师指导一群五六岁的美国儿童在伟大人物的感染下自创图画、自著书文，并鼓励他们将来也可以与这些大人物一样做一些伟大的事，从而培养孩子们的创造力和自信心。在这种教育方式下，大部分美国儿童都能够勇敢说出自己的想法，从而形成独立自主的人格，敢于对不公说“不”，敢于表现自身的优势。他们的父母也非常支持他们的想法，对于孩子的自信、个性、竞争力以及独立人格的培养都十分重视，因为这些被认为是美国孩子从小就应当培养的基本素质，并且人们也将这些视作孩子能在美国生活的基本要求。

人们的身份不同，地位也会有所不同。其中，身份是指角色自身在社会中所处的位置，通常代表着个人所拥有的权利和义务。一个人的地位不仅指其在社会中的地位，还指其在家族中的地位。具体来说，这种地位主要通过人与人之间的沟通、交流等行为表现出来。

在我国，人们往往在做事之前会反复思考应不应该去做，而参考依据就是自身所处的社会地位。如果不按照自身的身份行事，那么很容易会做出越界的行为。如果所做的事情不符合自身的身份，或不去做符合身份的事情，就会造成一系列的问题。

在西方社会，人们重点表达的是个人的人格独立，这一点可以从人与人之间的相互尊重中体现出来。文艺复兴的先驱之一但丁·阿利基耶里（Dante Alighieri）的名言“走自己的路，让别人说去吧”虽然是关于解放个人天性的理论，但是从中也能够看出，他所表达的是西方社会所崇尚的人性自由理论。西方文化中对于人性独立自主的解读有一个重要的论点，即人与人之间的相互尊重。这也是我们所要了解的西方文化的重要组成部分。相互尊重是指在两人交流的时候，避免侵犯对方的个人隐私。这一点也恰恰是西方社会不提倡相互帮助的主要原因。在西方人看来，没有缘由地帮助他人是对他人的不敬，是不尊重他人人格的表现。

中国人喜欢交朋友，坚信“朋友多了路好走”“四海之内皆兄弟”，但与朋友的相处中，思维模式却是螺旋跳跃式的，表达出自己意图前可能要说好多话做铺垫，与人交流时会考虑非常多的因素。西方朋友间的交谈是直截了当的，他们的思维模式是直线式的。

中国人寒暄客套的“吃了吗”常被外国人认为是邀请他吃饭的话语。与朋友相处时也不会以分享个人生活信息为切入点，工资、个人感情状况、年龄等隐私问题更是初识者交谈时的雷区。这种特质在言语中也有所体现，英语中对问句的回答有“yes”“no”两种直观地表明自己观点和态度的回答。正好与中国人模棱两可的回答形成鲜明的对比，这也体现出西方人的直线式思维特质。

2. 人际关系取向的文化类型和比较分析

一般情况下，对人际关系取向的分类和对其他不同事物的分类相似，选择的角度不同，产生的分类结果也不同。具体分为以下几种：第一，工具型。一般来说，工具型人际关系是人与人之间为了达到某一目的或者是为了获得某种利益而建立起来的较为短暂、容易分崩离析的人际关系。工具型人际关系取向往往只是临时性的手段，不具有长期性。第二，情感型。情感型人际关系是一种建立在相互信任、相互了解的基础上的关系。一般来说，只有亲朋好友才会形成这样的关系。这种关系是最持久的、最稳固的人际关系，但是这样的关系影响颇大，如果双方之间产生矛盾就会造成情感方面的重大危机。第三，混合型。混合型人际关系取向是结合了情感型人际关系取向和工具型人际关系的一种复合的人际关系。符合这种情感关系的人通常彼此相识，但是交往并不深入。这种关系包含的人群数量十分庞大，如一同工作并且合得来的同事、一起学习的同学以及隔壁的邻居等都属于混合型人际关系取向。这部分人群在人际关系网络中虽不占主要地位，但却是不可或缺的。这样的关系能否长久地维持下去，通常由人与人之间的情感交流能否持续决定。在此基础上，本书对中西方社会的人际关系取向分别进行了分析。

（1）中国社会的人际关系取向

一般来说，在中国社会，人际交往更偏向于情感型人际关系以及混合型人际关系这两种。

①中国社会较为注重人情，正所谓“礼尚往来”“礼多人不怪”，在人际交往方面，对于人情的把握极为重要。可以说，情感型人际关系是中国人最看重的人际关系取向。人们常常认为只要满足了情感，生活就可以变得有意义。

②混合型人际关系对于中国人来说，是生活、工作的基本条件，是人际关系方面的上层内容和要求。

（2）西方社会的人际关系取向

一般来说，西方社会的人际关系常常表现为工具型人际关系，人们在人际交往中往往很少顾及人情、面子，而是公事公办、不讲情面。

①在交易时，这种关系常体现为以公平交易为准则，按规定办事，即使对方是亲朋好友，也要做到“人”和“事”两清，即把人情和事情分得清清楚楚。

②在公务处理上，这种关系体现为不受感情驾驭，以客观法则为准，对事不

对人，公私分明。

在长篇小说《喜福会》中丽娜和她的丈夫哈罗德在生活中一直平摊各种费用，也就是“AA 制”。这在大多数中国人看来，太过斤斤计较的生活是不能继续下去的；而在丽娜和她的丈夫哈德罗眼中，这种“斤斤计较”的方式却很正常，“唯有如此，我们才能排除一切错觉，一切捆绑感情的束缚，从而达到相互间真正的平等尊重”。虽然小说具有虚构性，但是其所反映出来的中外文化差异是生活中真实存在的。不同文化对人际关系取向的选择，往往会让人们的一些行为习惯产生完全不同的结果，因此才会有中美双方在待人处事方面完全不同的态度和策略。在这样的环境下，文化背景不同且人际关系取向不同的人在交流时会遇到一定的困难。例如，中国人会觉得西方人不够坦诚，而西方人又觉得中国人意气用事、不够理智。

第三节　心理因素

一、积极心理因素

心理因素在很大程度上影响跨文化交际的过程，受刻板印象、偏见以及思维模式的影响，人们在跨文化交际中往往会有不良的心理暗示，这些因素会导致跨文化交际的失败。而积极的心理因素对跨文化交际起着促进的作用。

不同文化背景下的人们在交际中只有具备相应的心理意识，提高对文化差异的认识，以尊重、平等、开放、包容的心态进行交际，才能使跨文化交际顺利进行。所以作为跨文化交际的主体，在交际中我们应当具备平等意识、宽容意识和顺应意识。

第一，平等意识。在跨文化交际过程中，交际双方应树立平等意识。这种平等意识主要包括两个方面：一是文化平等意识。在经济全球化条件下，经济发展的巨大差距导致东西方文化交流与传播的不平衡，交际主体应当具有文化平等意识。只有这样，人们才能做到强势文化交际主体不骄不躁，弱势文化交际主体不卑不亢，才有利于跨文化语言交际的成功。二是人权平等意识。在跨文化交际中，交际主体只有具有人权平等意识，以一种人格平等、人权平等的心态来同对方对话，才能有助于良好交流环境的形成，从而达到交际成功的目的。

第二，宽容意识。交际双方应具备宽容意识。人们在进行跨文化交际时，是基于不同文化背景和社会关系的，因此，为了成功地进行交际，交际双方就必须具有一种宽容意识。这样才能容忍和理解因文化差异而导致的失礼和失言，从而促成语言交际的成功。这种宽容意识具体包含对不同文化系统中各种思维方式、价值观念、生活方式、行为方式和宗教信仰有一种客观的公平的态度。

第三，顺应意识。跨文化交际中，交际双方还应具有语言上的顺应意识。语言顺应包括对象、层次、阶段、领悟程度和策略等五个方面。人们在文化交际时，为了成功地、准确地表达和理解言语，交际双方必须求得认知心理的平衡，让自己的话语顺应语境，从而克服交际中的文化隔阂。

只有交际主体提高对文化差异的认识，以尊重、平等、开放、包容的心态进行交际才能获得跨文化交际的成功。

二、定式与偏见

（一）定式

“定式”（stereotype）这一概念，最先是由美国新闻记者沃尔特·李普曼（Walter Lippmann）在1922年出版的《公众典论》一书中提出的。他指出，人所处的环境，无论是自然环境还是社会环境，都太复杂，以至于不允许他对世界上所有的人、所有的事逐一地亲身进行体验和认识。为了节省时间，人们便用一个简化的认知方法，将具有相同特征的一群人或任何民族、种族塑造成一定的形象。换言之，定式指不同社会群体在人们头脑中的形象。

定式概念应用到跨文化交际上，称为文化定式（culture stereotype，又译为“文化定型”或“刻板印象”）。文化定式指人们在跨文化交际研究或跨文化实际交往中对不同文化背景的民族和国家成员的笼统的、简单的看法，即指一个群体对另一个群体成员的过于一般化的、过于简单化的信念或态度，或是一种简单化的认知方式。在跨文化交际中，为了帮助具有不同文化背景的各族人民在对他族文化没有任何了解的情况下更迅速、更有效地进行跨国、跨民族交流，从事跨文化交际研究的学者采用高度概括的形式对不同国家、民族或群体文化特征进行客观描述，所以人们在没有和某种文化接触的情况下，可能已经对它有了先入为主的印象。例如，人们通常认为中国人含蓄谦虚，美国人奔放，德国人刻板，法国人浪漫，而英国人保守；或者认为中国人一见面都是说“吃了没？”“去哪呢？”等。这些都是文化定式在跨文化交际中的体现。文化定式有“自定型”和“他定型”之分，前者是某群体关于自己的定式，后者则是关于其他群体的定式。在大多数情况下，文化定式一般指的是他定型。

文化定式有其积极的一面。从认知角度上看，文化定式是跨文化交际中的认知方式之一，建立在一些准确的观察之上，可以反映一定程度的真实性，有助于人们对不同社会主流文化的认识。任何个体都不可能穷尽对相同或不同文化下所有成员的认识，而文化定式是对陌生信息进行有效归类的一种方法，能使信息更清晰。从心理角度上看，文化定式受到本群体文化心理定式的影响和支配，在趋同心理的映照下，会产生积极意义的心理“预示”。从行为角度上看，文化定式可能因“预示”作用提高外语学习和跨文化交际的效率，并可在陌生文化和情境中给人的思维和行为定向，具有积极导向作用。

文化定式也有其消极的一面。第一，它夸大群体差异，忽略个体差异，使我们错误地看待个体成员，认为对群体适用的就对群体中的个体也适用，从而产生对于差异的“过分概括”或“贴标签”，可能人为地制造屏障，妨碍文化间的交流和理解。第二，文化定式使人容易静止地看待文化，对某一群体的认识局限于某一时期，导致交际障碍。例如，以前许多学者认为汉英语言在称赞应对方面存在着极大的差异，认为中国人崇尚谦虚，喜欢否定别人对自己的称赞来显示自己谦虚的一面。许多人在提到汉语的称赞应对时，总是习惯性地将“哪里，哪里”“过奖了”作为典型的应对方式。这种认识可能会引起误解，并不是所有的中国人都采取折中应对，因此碰到“不谦虚”的应对可能就会不理解。尽管以前的研究结果表明中国人比较倾向于拒绝别人的称赞，但是最近的研究结果却表明中国人在这方面已经发生了很大的变化，尽管在接受的同时还是会尽量避免显示出自我称赞。第三，文化定式容易导致“本群体中心主义”，产生歧视行为。文化定式在形成之前只是基于单纯对某一文化的描述，当类似的描述不断地被复制就形成了文化定式。一旦在文化定式中加入了感情的成分，文化定式就开始发展成为偏见，而偏见表现在行为上，就导致了歧视。某一群体成员往往会抬高本群体文化，把外人群体文化置于消极的境地。这样就会导致十分严重的后果，甚至会产生民族间的纠纷与仇恨。

在跨文化交际中，需要我们利用文化定式的积极一面，避免受其消极一面的影响，随时用跨文化的视角观察问题、解决问题。

（二）偏见

定式的准确程度与我们对有关人的行为的预测密切相关。但是文化的不断发展以及文化内部亚文化的多样性，使任何有关文化的描述都难以准确全面，定式就容易发展成偏见。偏见是对另一群体的人的不公正的、有偏向的、无法忍受的观点或态度。偏见是建立在错误观念或先入之见基础上的教条化观点，它也可能是厌恶、反感，甚至仇恨等不合理的情感。偏见可以分为宗教偏见、种族偏见和性别偏见。偏见的交际方式是通过打断他人讲话来控制交际，表现为不礼貌和迂腐，会给他人的自我概念和种族身份带来极大的伤害。在人际或国际交流的背景下，偏见包含不同程度的敌意，会带来负面的想法、感受和行为，影响跨文化交际。

当人们对其他人持有偏见时，受到偏见的对象将处在一个不利的状况。因为判断方并没有根据判断对象的实际行为来做出判断，而是在偏见想法的指引下对其进行错误的判断。一旦有了偏见，人们就会尽量避免与不喜欢的人群的接触。如果一直采取这种消极回避的态度，势必会影响正常的跨文化交际，也不利于当今形势下国家或民族间的交往。在文化意识没有被充分唤醒的情况下，对文化特征的过分强调可能会使学习者误认为这些特征就是事实，从而形成偏见，忽略具体的交际情境和个体。我们也就永远无法了解交际个体，从而无法取得跨文化交际的成功。

三、语言思维方式

语言学家王力认为中国的汉语是“人治”的，这是因为汉语属于典型的汉藏语系，在我们的思维方式中习惯突出“人”的重要性，“人”的行为动作都是有意识的，“人”也同样可以对客体事物产生作用。因此，汉民族很难去细分主客体，而往往以“人”为主语的特征会使中国人坚持以人为主体的观念，把自身作为宇宙的中心，将自我和社会、自然等环境联系起来考虑和看待问题，突出社会的人格，注重人与其他客观事物的关联性，强调的是“天人合一”“万物皆备于我”。而对于主语使用频率的缺少，往往会使我们将自我隐于社会集体中，注重的是集体意识而忽略个人，也就是所谓的轻个体人格，注重群己合一。结构上的“主客合一”推导出的是中国人对于整体性的执着，中国的整体性思维不以自然为认识对象，不把认识自然作为目的，而是以主客一体实现尽善尽美的整体和谐境界为目标。关注整体的和谐性和统一性，使其善于从和谐统一中去发现万物的对称和平衡，这才产生了传统中式美学中的对称美。

我们往往能够发现汉语中有着大量语气词，如“哎”“咦”“哦”等。这些语气词的存在使汉语更具有一种“味道”，而其影响的是中国人的思维情感，其显露出来的往往是中国人的随性，以及注重意象的表达。中国人讲究感性，遵循自己内心的感觉，重感觉、轻事实，通过灵感、顿悟来获得对客观事物的整体把握和感觉，即“重直观内省，轻实测论证；重内心体验，轻理论分析”。语气词的存在丰富了我们的内在想象力，这也是为什么中国人经常习惯性地在一件客观的自然事物或者事件中添加一定的情感因素。例如，在青瓷的发展过程中，出现了许多不同种类的青瓷釉料，像“月白”“天青”“梅子青”“豆青”等，这些釉色的名称都是在中国人的感觉之下而出现的。相反在英语上，各个种类的青釉都只用了“Celadon”一词来进行表述。同样，中国人在烧制瓷器的时候，经常会将一些客观因素，归结为主观因素。将烧制瓷器的时候对于湿气、火候、成品的影响，本能地归结为主观上的神明观念，在一些重要的烧制场合，会进行所谓的“窑祭”。这些都是价值判断性的思维方式，而不是逻辑推理型的思维方式，是主体意向性的思维，而不是对客体的对象性思维，体现的是情感与理性的合一，但是这种合一是重情感、轻理性的。

汉语的精神，本质上说不是西方语言的那种执着于知性、理性的精神，而是一种充满感受和体验的精神。句式的结构特征产生一种内向性的思维方式。汉语的句式经常是向左或者说向内的，长此以往的句式使用习惯，会潜移默化地使人有一种尊重传统的特点，使中国人常以古代经典为信条，将前人的思想观念作为理论的前提，但是却又缺少逻辑的论证。我们倾向于回顾自己的历史，崇尚传统，尊重祖先，习惯在前人的基础之上去思考，缺乏的是怀疑和批判、否定和超越的精神。我们的审美习惯使我们更容易去接受含有传统中式美学的艺术作品，而对于西方抽象、怪异的艺术品常常持否定的态度。

英语作为印欧语系的典型代表，其一句话中必须以主语和谓语作为支撑的结构，谓语动词是一句话的核心关键点。之后在核心的基础上添加一些其他的语法成分，而英语的造句几乎是离不开这些成分的，如介词、连词、分词、动词不定式等。这些成分按照一定的关系进行构建，使句子的结构变成一个由中心点向外延展的空间图样，潘文国先生[①]曾把这种模式比喻为树式结构。英语作为形合的语言，其语言模式的理性化会在一定程度上让使用者在看待客观世界时，会通过逻辑的思维去认知。他们注重的是科学和理性分析，通过推理和证明去探索事物的本质和规律。英国哲学家弗朗西斯 · 培根（Francis Bacon）曾说过“知识就是力量”，西方人对于知识的崇拜胜于一切，他们学习知识是为了能够战胜自然规律，最终的目标是去征服自然。而这也和其“主客二分”的句式有关，它使西方人在面对客观世界时，始终将主体与客体、现象与本质、思维与存在分开来分析研究，以“旁观者”的身份客观冷静地去观察世界，以批判的眼光去看待现有的知识，注重是非判断而不是伦理规范。这种语言影响下的开拓精神所带来的是个人主义的诞生，人们乐于去探索和挑战，去否定前人、别人、伟人的思想，不随便去附和他人。这也开发了他们的发散性和开放性思维，使他们能够去发挥自身的创造精神。西方人不断去探究现有的规律，以此对未来的发展提出预测和猜想，面对未来不断地提出假设和判断。在这种思维的帮助下，所诞生的是人思维观念的不断进步，不迷恋历史，不崇拜权威，以批判和怀疑为主。同时向外性也带来了西方人的冒险精神，他们倾向于去发现新事物、探索新事物。

① 潘文国，男，1944 年 9 月生。华东师范大学终身教授、博士生导师。华东师范大学校务委员会委员、应用语言研究所所长。

第四章　跨文化交际中的语言交际

语言交际是人们进行跨文化交际的重要手段。语言不仅仅是一种交流工具，更是一种文化载体。在跨文化交际中，语言是最直接的沟通媒介。想要快速融入当地社会，最有效的方法就是学会当地的语言，但是只去了解语言的表达形式则会过于片面和单薄，探索语言背后蕴含的深刻文化内涵才是重中之重。因此，为了更好地进行跨文化交际，我们必须了解语言交际的相关内容。本章分为语言交际概述、语言交际的构成要素、跨文化语用下的语言交际三部分。

第一节　语言交际概述

一、语言

（一）语言的定义

语言是人类进行沟通交流的表达方式。据德国出版的《语言学及语言交际工具问题手册》，世界上查明的有 5651 种语言。一般来说，各个民族都有自己的语言，语言是民族的重要特征之一。近年来，我国也有部分专家开始研究语言的定义并提出了各种观点，现列举如下。

①语言是一种由语法等层面及其句子等层次结合形成的符号系统。

②从语言的构成特点上看，语言是一种符号系统。站在语言用途的角度上看，语言是一种互动过程中的工具。

除此之外，还有专家对语言做出了具体的论述，但是，大部分专家对语言的基础概念持统一的意见，即“语言是一种符号系统，其上层是音义联合的符号，下层为音位。上层又可以细分为不同等级的语素等，在音义结合中，语素这一符号是最小的。语素组成词语，在此基础上再构成一个完整的句子”。人类的语言文化在逐渐地取得进步，因此，“交际是语言的核心功能之一”这一理念被社会广泛地接受，学习语言实际上就是为了在特定的条件下让人与人之间顺利地进行沟通。

人类交流和表达情感的需求是产生语言的原因，所以语言是人类用来表达自我的声音。原始人类的语言与动物的声音相似，可以表达冷漠、口渴、饥饿和愤怒。

语言是现代社会与人类互动交流中最重要的工具，它已经成为人类互动的多种语言表达形式。语言和文化是国家的重要性质和特点之一，它在历史上保存和传播着人类文明的巨大成就。总的来说，每个国家都有自己的语言，语言是我们进行思维交流和表达的媒体，它直接影响到我国的政治、经济、社会、科学、技术和文化本身，它作为一种文化现象正在不断发展。

（二）语言的性质

语言作为最重要的交际和思维工具，其基本特征对于人类认识世界、处理人与世界的关系具有重要影响。打开语言的“黑箱”，探究语言在认识中的功能和作用，对语言的性质进行哲学考察，将有助于我们对其进行更深层次的挖掘。

1. 实践性

马克思主义理论认为，实践是人类在世界上不同于动物的存在方式，是属于人的独有的“生命活动”，也是体现人的特殊力量的活动。正如哲学家卡尔·海因里希·马克思（Karl Heinrich Marx）在《1844 年经济学哲学手稿》中所阐述的，动物与自己的生命活动是直接同一的，而人的生命活动是有意识、体现个人意志的，是可以用来创造对象世界、改造自然的。而在《德意志意识形态》中，马克思明确指出生产活动实践的发生使得人和动物分道扬镳，人类历史开启，而语言也从中产生，成为人之为人的重要属性和特征。从本质上来说，实践性是语言的根本属性。

（1）语言产生于人类实践活动

实践是人的“类本质”，作为实践主体的“人”并不是离群索居的人，“人的本质是人的真正的社会联系”，实践在其现实性上也同样是社会关系的总和。马克思在《德意志意识形态》中明确提出，“生命的生产表现为双重关系：一方面是自然关系，另一方面是社会关系”。人与自然之间的“主—客”关系和人与人之间的“主—主”关系的双重统一，也可以说，只要现实的个人进行物质生产活动，就必然存在这两种关系。由此可见，实践作为人的本质力量的体现，不仅仅是我们通常所突出和强调的主体改造客体的对象性活动，同时也是改造主体与主体之间交往关系的活动。这也正如哲学家弗里德里希·恩格斯（Friedrich Engels）在考察和论述中所印证的：劳动对语言的产生具有决定作用。

在人类诞生之初，劳动实践不仅使得人类具备了语言产生的机体条件，尤其关键的是为语言的产生创造了社会性变革。一方面，实践作为一种有意识地认识和改造世界的人类活动，为了满足物质生活资料，最开始的人类实践活动必然是现实的个人的结合，通过群体的力量去进行感性的物质活动，建立一种主—客关系，为语言的产生提供了社会基础。另一方面，在实践过程中，人与人的联系和交往也就产生了，人类这种有别于动物的社会性存在，决定了交往活动的必要性和迫切性，产生了“主—主”关系。主体之间需要交流、沟通、对话，需要通过集体经验感知外部世界，产生“非说不可”的交往活动需求。通过对主体际关系的变革和改造，主体逐步获得实践的目的、计划、方式等，进而逐步在交往活动中提高认识和实践的能力。

（2）语言在实践中丰富和发展

一方面，语言不是一个自足的系统，因为语言的发展不是自发地、随意地，而是在物质生产活动基础之上的。可以说，人类产生以来的一切社会实践活动和认识活动都在语言和语言的交往中留下痕迹，通过生产而发展改造着自身，产生新的力量、新的观念、新的需要和新的语言，这是我们理解语言发展变化的一个根本出发点；另一方面，语言不是一个封闭的系统，随着人类物质生产活动的推进，生产力不断发展，生产工具不断改进，人类对自然和人类社会发展规律的认识和把握能力得到提升，在实践中会产生新的认识，而且随着实践层次的上升，又会产生更高的认知需求，在实践与认识的反复推动过程中，更新人类认知系统，获得新的认识成果。当现有的语言无法适应对外部世界的表征需求，就会产生更为丰富的语言来指称认识对象。

从语言的内容上来看，词义的扩大、缩小或转移，很多词语从无到有、从产生到消亡等，都是随着时代的发展、人类生产实践的不断推进，在认识世界和改造世界的过程中形成的思想观念的外化和表达。再有，语言本来就是一种交往活动，也是整个社会实践的重要组成部分。实践不仅包括反映“主—客”关系的对象性实践，还包括主体间的交往实践，当这些思想、观念和意象从具体的实物中抽象分离出来成为意指性交往时，就会上升至符号交往层次。在这一过程中，社会内容在主体间转化为符号，经社会化确认后凝固成语义，进而将无意识的动物式的自然信号系统逐步转变成承载着社会意义的语言符号系统。语言意义的出现和确认，使得人类的交往中介发生了质的飞跃和转变。

2. 社会性

语言学家弗迪南·德·索绪尔（Ferdinand de Saussure）认为语言的实质是语言社团共享的一个符号系统，其主要功能是为了满足社团成员之间思想交流的需要。索绪尔明确指出，语言系统现实性的一个重要方面就是其社会性，要有语言，必须有说话的大众。

语言在任何时候都不能离开社会事实而存在，因为它是一种符号现象。社会性就是语言的内在特征之一。语言是言语机能的社会产物，又是社会集团为了使个人行使这一机能所采用的一套必不可少的规约。换言之，没有语言社团，语言系统便失去了存在的根基。

语言本身就是一种社会现象。语言产生于人类社会实践，是一种“为别人存在也为自己存在的”社会存在物。它伴随人类社会的形成而产生，随着人类社会的变化而发展，其主要功能也是社会性的，社会性是语言的基本特征。例如，由于社会政治、经济、文化等交往的推动，语言会产生接触、分化或融合，有的语言甚至会逐步走向消亡；社会生产力的发展、生产关系的变革以及社会生活方方面面的变化都会给语言带来新的素材，产生与之相应的新词汇、新概念；人在社会交往实践中认识能力的不断提高也会使得语言的词汇意义更加精准严密等，这些都是语言社会性的生动表现。

从根本上来看，语言的社会性根源于实践的社会性。语言是在交往实践中所产生的公共产品。语言总是先于个人而存在，个体总是生活在“交往场”中，“交往场”的积淀是一个“实践的符号化”过程，也就是说人类实践是一个生生不息的过程。在每一轮新的实践开始之前，以往的实践所形成的认识、经验等都作为一个基础和预设，影响和制约着当下的交往实践。如果没有“交往场”的存在，人类的交往实践就是割裂的、断层的，是无法延续发展的。也正因为此，产生于人类实践活动的语言也并不是从零开始、一蹴而就的，语言总是先于个人而存在的，不受个体意志的支配和制约，语言在“交往场”的基础上随着实践的推进不断积累沉淀，有其社会基础和规则，在保持语言系统稳定性的同时不断注入当下时代和社会认识的新鲜成果。个体只有介入一定的语言系统中，才会逐步介入其所维系的社会关系中，也可以说，由于语言具有社会性，才能把人引入社会关系之网中，才能使人参与社会实践活动。在《德意志意识形态》中，马克思和恩格斯就认为所有这些字眼既意味着商业关系，也意味着作为个人自身的特性和相互关系。在其他的现代语言中，情况也完全一样。语言的社会性产生于人的社会性。作为一个符号系统，语言是人类认识活动的产物，语言不是自我生成和发展的，不论从哪一方面来说，都是“现实的人”的活动结果，离开了“人”这一主体，语言不可能产生，也不可能发展。不同于脱离社会历史发展、孤立地考察人的静态认识成果的畸形认识论，马克思主义哲学认识论密切关注人的社会存在和发展。作为认识的主体，人是一切社会关系的总和，在社会中进行对象性实践和交往实践活动，这也就决定了人类认识从一开始在本质上就是社会性的。因此，列宁也强调，如果研究认识的主客体之间的关系，那就应当注意具体的主体（人的生命）在客观环境中存在的一般前提。

语言是属于人的，人是社会中的人，人类从一开始就处于一定的社会群体中。例如，在原始社会，就有氏族、胞族、部落等，不论是抵御外族还是攻击野兽，人类的实践活动总是处于一定的社会性关系之中。在资产阶级的统治中，马克思认为资产者可以毫不费力气地根据自己的语言证明重商主义和个人或者甚至全人类的关系是等同的，因为这种语言是资产阶级的产物，因此像现实生活中一样，在语言中的买卖关系也成了所有其他关系的基础。

总而言之，语言只有在社会交往中进行不断的交流与练习才能被人们真正掌握，一个独自生活、与世隔绝的人是无法熟练掌握一门语言的。与此相比较，动物同样拥有进行信息交换的能力，但它们的群集关系是出于本能的，从严格意义上来说，它们的活动方式并不具有社会性，所以它们的信息交流属于物理性刺激的第一信号系统，而语言则是唯一属于人类的第二信号系统。

此外，从本质上来看，认识也是一种社会化的过程，语言对认识成果的交流有很大的帮助，它扩大了人们的视野，所以它也对人们之间的社会性关系和联系有了很大的扩展，也正是在这种持续加深和扩大的社会性关系和联系中，语言才能更好地应用、传播、丰富和发展。

3. 历史性

语言在人类历史的长河中孕育并发展，语言是在几千年的社会历史和各项基本历史的整个过程中生成的，它的语音、词汇、语法结构的形成和确立，是经过了很多个时代的演变而形成的。特定的历史时期总会产生特定的语言，语言总会刻上历史和时代的烙印，反映着历史的发展变迁，因此，语言是社会历史的“化石”，而且是一块独一无二的“活化石”。

语言记录了人类历史发展中的思想、观念，凝练了不同历史阶段对客体世界的认识成果，形成了整个人类绵延不断的认识史。可以说，语言既是历史的产物，也构成了历史本身。语言的历史性根源于语言是对现实生活的表现。现实的人的活动都是在特定的历史条件下的具体的活动，而产生于人类实践活动的语言也是对该时代的反映，因而不论在人类发展的哪一个阶段，其活动都不可能跳脱出当下历史条件的制约，这也就决定了语言的历史性。

一切历史的新的制度、思想、观念或认识成果的产生都会在语言中找到痕迹，现实的人的历史活动发生变化，语言也会相应地留下印记。因而某一具体历史时期的生活方式、价值观念、风俗习惯、宗教信仰等都会在语言中有迹可循。例如，美国民族学家路易斯·亨利·摩尔根（Lewis Henry Morgan）正是从语言学的角度考察亲属称谓来论证古代社会的婚姻状况的。据考察，20 世纪 50 年代云南某县的纳西族处于由母权社会向父权社会过渡时期，他们称大树为“树母”，小树为“树男”；称主房为“房母”，偏房为“房男”，这就是在特定历史时期男卑女尊价值观念的映照。马克思认为那些发展着自己的物质生产和物质交往的人们，在改变自己的这个现实的同时也改变着自己的思维和思维的产物。人类在实践活动中创造历史，也在实践中产生语言，在认识和改造世界的过程中，历史不断前进，思维和思维的产物也必然随之改变，作为思维要素和现实表现的语言也在历史进程中演化。

语言作为一个过程的集合体，也必然决定了其历史性。虽然语言是一个相对稳定的符号系统，但语言并不是封闭的，语言是开放的，是一个动态的、辩证发展的过程。恩格斯在《路德维希·费尔巴哈和德国古典哲学的终结》中提到了世界是“过程的集合体”，同时把它扩及对语言的认识上。在保持稳定性的同时，语言处在一个不断生成、变化的动态系统中，随着世界发展和人类活动过程的推进发生演变，逐步导致语言差别的出现。因此，语言应该要放在具体的历史阶段和过程中去理解。

在《〈政治经济学批判〉导言》中，马克思指出：“哪怕是最抽象的范畴，虽然正是由于它们的抽象而适用于一切时代，但是就这个抽象的规定性本身来说，同样是历史条件的产物，而且只有对于这些条件并在这些条件之内才具有充分的适用性。”也就是说，抽象的范畴不是泛泛而谈，其实质上是“历史关系的产物”，语言总是处于历史活动过程之中，脱离了具体历史时代和关系去理解范畴或概念是无法把握其本质的。再有，语言是“物质”和“精神”的双重统一，思想史可以说就是一部语言史。

语言不仅是进行思维活动的中介工具，同时它又是思维活动成果的记录工具。不论是口头语言还是记录语言的文字形式，都具有物质性和思想性的双重属性，也正是因为其二重性，使得人与人之间的交流沟通成为可能。随着人类社会的发展推进，在不同历史阶段的实践经验最终都以语言的物质形式予以外化，进入我们的认知领域，形成概念、思想或者知识来储存和传播，语言中也就自然而然地留下了思维的烙印。从人类认识的系统发生和发展来看，从原始思维到抽象思维再到高度形式化的符号思维，其认识成果和思想观念都在语言上有迹可循，我们可以透过语言的发展变化看到作为使用主体的现实的人的生存状态、实践活动的发展变化，看到人类认识的发展变化。

（三）语言的功能

一般语言的单层次结构决定了其意图的单向性。我们都知道，在某些语言活动中，语言是有目的的，这是一种语言的意图。在一般的语言里，意图的表达倾向于单向性。虽然字典中有一词多义的现象，但是不管是在日常生活中还是在科学活动中，我们都会把它运用到有限的环境中，以避免模糊和误会，从而使其在一个方向上发挥作用。同时，我们也将努力消除语言内在的否定，倾向于一种单一的、明确的目的，这样才不会削弱话语的威力。一般语言的终极目标是表达语意，它的工作就是陈述经验事实，所有的命题都是以经验事实为基础的命题，并且都能根据经验和事实来判断其真实性。

1. 语言的本质功能

语言学家认为，语言是人与人相互交流的媒介，是人类交往的重要工具，是思维活动的缩影，也是一种文化传播载体。因此可以说，语言能够展现优秀的民族文化，而且具有创造性。

（1）交际工具

从信息学的角度来看，语言是传递社会信息的代码。语言交际是指说话者通过语言传递信息，听者通过语言接收信息，从而达到交流思想、相互理解的目的。具体来说，语言交流的过程就是对信息进行编码、发出、传递、接收和解码的过程。

编码：为了传达某种信息，说话者首先需要在语言中寻找合适的词，并根据语法和语义规则排列这些词，形成一定的句子。这是一个将一定的语义内容组合成一定的语言形式的过程。在这个过程中，说话者应该力求语言清晰、无歧义，并避免语义内容的错误。

发出：编码后，语言形式由发送器输出。语言的发送器就是发声器官。某些语言形式规定了发送器相应的运动过程。在这个过程中，发送器必须准确地输出编排好的语言形式。

传递：输出语言形式后，语义内容就会借助语言形式进行传递。口语的声波负载着语义内容通过空气或电路（在电话里）传递到听者那里。

接收：语言形式传递给听者，听者的接收器开始工作。在口头交际中，接收器是听觉器官。在这个过程中，接收器必须准确地识别语言的形式，否则就会造成错误。

解码：听者将接收到的语言形式“还原”为语义内容，以便理解说话者试图传达的信息。解码错误会影响听者对语义内容的正确理解。交流思想是语言交际的基本内容。除了交流思想外，人们也能连带地运用语言表达感情，表达自己的愿望和想法等。作为交际和交流思想的工具是语言最本质的特征，也是语言区别于任何其他社会现象的本质特征。

（2）思维工具

语言不仅是人类交流的工具，也是人类思维的工具，同思维有着密切的关系，是思维的载体和表现形式。思维过程离不开语言，需要借助语言来进行比较、分析、综合等一系列活动。人们进行思维活动需要借助语言来形成思想，再借助语言把思想表达出来，传达给听者，同时使听者产生相应的思想。人类的思想成果也可以用语言表达出来。

总之，思维活动的过程离不开语言，必须借助语言材料才能进行。同时，语言也离不开思维，两者是相互依存、共同发展的。

（3）文化载体

语言是信息和民族文化的重要载体。信息可以有多种载体，而人类的有声语言和记录有声语言的符号——文字，是信息最重要的载体，可以负载一切信息，其他负载信息的载体也可以翻译或转化为语言或文字形式。广义的文化是指人类所创造的一切物质产品和精神产品的总和。

语言是一种特殊的文化，其本身就是人类所拥有的最重要的文化产品之一，它同时还是文化的记录者和传播者。

2. 语言的实用功能

（1）信息功能

语言作为信息的载体，其作用主要体现在传递信息上，也就是信息功能。在人际交往中，语言的信息功能是最重要的，它是人类通过语言来进行交际，并把自己想要表达的信息传达给他人的过程。

另外，人们也可以用书面的方式来记录信息。文字记录信息的功能也是语言信息功能的具体表现，是社会进步的先决条件。从这里我们可以看到，语言是人类表达世界观、人生观和价值观的一种重要手段。

（2）标志功能

不同的国家有不同的语言，同样的，就算在同一个国家，不同民族也会有不同的语言。举例来说，一个国家内的各个区域都有自己的方言，在中国，有通用语言——普通话，但是基本每个地区都有当地的方言，如上海话、四川话等。世界上的每一个人好像都带着一个语言徽章，以此来表示自己属于哪个国家、哪个地区。而且，在长期的实践中，每个人都会养成一种与他人不同的语言习惯。

一个人的语言习惯可以折射出他的人生经历，也可以折射出他所属于的民族，所以，从一个人的言语中，我们可以看到与他本人有关的某些信息，这就是语言标志功能的最好体现。

语言不仅是国家、地区和社团认同的标志，也是维系情感的纽带。在与不同民族、地区或社团的人交流时，最好使用他们的民族语言、地区方言或社团语言，这有利于获得对方的好感，从而促进交流的顺利进行；否则，容易使对方产生误解，最终导致沟通失败。例如，秘密社团中的人在与本社团的人接触时通常需要使用本社团的秘密语言，否则他们将不被秘密社团所承认。同样，过去学徒在跟随师傅学习时，不仅要学习技能，还要学习“春点”（行话），否则他们将无法出师。这里的“春点”作为一种特殊的术语，具有标志功能。

（3）情感功能

语言的情感功能主要体现在其可以表达语言使用者的情感、偏好、偏见和价值观。情感功能是语言最强大的功能之一，它可以影响人们的情绪，使他们支持或反对某人或某事。语言是缓解人们紧张情绪的方式之一。例如，当人们在赞美某一事物时，常常会情不自禁地发出“天啊”或“真美啊”等感叹，以抒发某种情绪。情感功能也可以通过个人的语言活动得到发挥，而不需要与他人沟通。例如，当某人的手被重物挤压时，他会因为忍受不了疼痛而叫喊。

上面提到的一些感叹词也可能是个人的某种情绪的表达，而不是与他人的交流。当然，这些词汇也可以用于群体之间的互动，从而加强彼此之间的沟通，巩固彼此之间的关系。

（4）心理调节功能

心理调节功能也是语言的主要功能之一。语言的心理调节功能主要表现在以下三个方面。

①调节注意力。作为人的一种能力，注意力是否集中受多方面因素的影响，而语言因素就是其中之一。语言对人的注意力具有重要的调节作用，人们可在语言的提示下集中自己的注意力。例如，心理学研究表明，如果给一篇文章或一首曲子添加一个标题，读者或听众就很容易理解其主题或中心思想；给人们展示同一幅轮廓图，但提供不同的提示信息，他们就会根据提示信息将这幅图看作不同的物像，或者产生不同的联想。

②调节情绪。语言对人的情绪心态具有调节作用。比如，一个人感到害怕时，其他人几句鼓励的话就可以使其克服恐惧心理。另外，在缓解不良情绪方面，语言也起着重要的作用。例如，当情绪十分激动时，人们可以通过默念几句“不要

激动”来降低激动程度；当处于苦恼、忧郁、悲痛中无法自拔时，人们可以找个无人的、比较空旷的地方大声喊叫，或对他人倾诉，这些都能很好地缓解自身的不良情绪。

③调节行为动作。一般来说，人们的行为是由其心理驱动的。语言可以通过对心理的调节来对人们的行为动作起到重要的调节作用。

第一，语言对儿童的行为动作具有重要的调节作用，这与儿童使用外部语言进行思维有关。例如，当儿童靠近火焰时，如果一个成年人对他（她）说：“烧手！烧手！”那么他（她）以后再看到火时就会主动远离。

第二，语言还可以调节成年人的行为。例如，社会上的法律、法规、批评和警示，可以极大地制约和规范人们的行为；而表扬和激励则可以极大地调动人们的积极性。

此外，还应注意的是，语言虽然可以像对儿童一样鼓励或抑制成年人采取某些行动，但相对而言，语言在调节成年人的行为时具有更多隐蔽和理性的特征。

二、语言交际

（一）语言交际的相关概述

1. 语言与文化

语言与文化指的是在进行语言交际时所具有的文化现象。语言不单单是说话，还包括语音、词汇与语法。在语音方面，汉语是有声调的语言，没有复辅音，元音占优势。这与其他语言是完全不同的，因此在交际过程中，一个优秀的交际者要能够体会不同语言的区别，能够进行正确合理的交际。在词汇方面，就词汇的意义而言，汉语词汇与其他语言的词汇有很大区别。例如，一些动物词和数字词，会因为在不同国家代表的含义不同而造成误会。在语法方面，汉语很少有形态上的变化，而且词类和句法这两方面的成分非常复杂，在句式上还包括被字句和把字句这些特殊的句式。在进行跨文化交际时，仅仅掌握语音、词汇与语法的知识是不够的，还要具备运用语言知识的能力。在进行跨文化交际时难免会受到母语文化的影响。例如，一位曾在吉尔吉斯斯坦任教的汉语教师在一次词汇课上讲到了黄色这个颜色词，指出黄色是比较尊贵的颜色，因为在古代只有皇帝才可以穿黄色的衣服，所以黄色代表富贵，但是现在也表示色情，所以告诉同学们为了避免产生误会，在中国时不要说自己喜欢“黄色的书”或者“黄色的电影”。而吉尔吉斯斯坦的学生说他们也不喜欢黄色，该志愿者教师以为黄色在吉尔吉斯斯坦也代表“色情”，学生们却说是因为黄色代表饥饿和分别。在这个案例中，虽然没有造成文化冲突，但是却出现了由内涵意义不同造成的误解。

在不同的语言中，颜色都只是一种普通的词语，但是背后蕴含的象征意义却代表着不同的文化。因为词汇内涵意义不同，所以在跨文化交际中可能会造成文化的冲突。我们在交流的过程中，如果遇到这些词语，要注意词语背后蕴含的内涵意义。这个案例体现了跨文化交际知识的重要性。

2. 语用与文化

语用方面包括语言学家格赖斯（Herbert Paul Grice）提出的会话合作原则和语言学家杰弗里 · 利奇（Geoffrey Leech）提出的礼貌原则。会话原则又可以细分为四个小的准则，分别是数量、质量、关系和方式。这些准则是约束交际者的交际行为的，要求交际必须是有效的，还要能确保交际内容的准确性和真实性。礼貌原则包括得体、慷慨、赞扬、谦虚、一致、同情这六个准则。这就要求交际者在交际过程中的交际行为是得体的。

格赖斯的会话原则和利奇的礼貌原则是跨文化交际能力定义中有效性和得体性的体现。一位赴韩的志愿者教师所教授的学生是和她年龄相仿或是稍微年长的成年人。在上课提问学生的时候忘记了某位学生的中文名字，于是便叫了学生的韩文名字，但是她却忘记在名字后边加“先生”了，如学生的名字是李正硕，用韩语的正确叫法应该是李正硕先生，但是教师没有加“先生”这个称谓，特别是当学生的年龄比志愿者教师大时，这会让学生觉得非常不礼貌。这就导致这名学生在回答问题时很不开心，一开始志愿者教师还纳闷，以为是这名学生不喜欢回答问题，后来在课后聊天时意识到这一错误，于是便和学生们解释了称谓语在中韩两国的区别，学生们也表示理解，志愿者教师在以后的课堂中也注意到了这一点。

语言不仅可以传达意义，还能够用于实施行为。语用就是实施行为的过程。在这个过程中，称呼经常会用到，称呼不仅是礼貌的表现，也是不同文化对社会关系的理解。韩国非常注重对前后辈和上下级的称呼，当与对方不是很亲密时，称呼时要加上“先生 / 女士”。在该案例中，志愿者教师就是没有考虑到礼貌原则，才导致尴尬情况的出现。

3. 语言交际风格与文化

语言交际风格与文化主要是指文化对交际者谈话风格的影响。受文化的影响，交际者不同的风格会影响到交际的过程以及交际的目的。跨文化交际风格主要有直接与间接、谦虚与自信、归纳与演绎三种。

（1）直接和间接

直接和间接的交际风格受到集体主义文化和个体主义文化的影响，是从表达方式来区分的。直接的交际风格是指表达不会拐弯抹角，间接的交际风格是指说话时比较委婉。

直接和间接的交际风格还与面子观念有关。间接的交际风格是指在交谈中会照顾他人的面子，避免用直接的话语伤害他人。直接的交际风格则不会有这样的顾虑，不会考虑自己说的话是否会伤害他人。这就是直接与间接最明显的区别。比如同样是在会议上表达意见，中国人会选择在私下告知，而西方人则是直接当着众人的面表达出来。这就是直接交际与间接交际的区别。对外汉语教师在交际的过程中要注意区分交际风格，避免冲突的产生。

（2）谦虚与自信

谦虚与自信的交际风格是价值观念不同的一种表现。个体主义价值观更强调人的自信和竞争，追求的是与众不同，目的是突出自己。集体主义价值观强调的是个人与集体的和谐，目的是突出集体，而且崇尚谦虚精神和含蓄内敛的表达方式。例如，一名中国的同事在演讲比赛中获得了第一名，他的外国同事夸赞他很棒，但是他却摆摆手说大家表现得都很好，自己还有进步的空间，这让外国的同事十分不理解。这个例子所体现的就是谦虚与自信的交际风格的差别。

（3）归纳与演绎

“归纳式”风格指的是自己的主要观点在充足的背景介绍之后才提出来，或者是经过一段寒暄和铺垫之后才引入正题。“演绎式”风格指的是先提出观点，然后再提出论据加以说明。“归纳式”的风格是中国人用得较多的，中国人在与他人谈话时总喜欢先寒暄一番再进入主题，而西方人则更喜欢单刀直入式的交际方式。这又是由文化不同而带来的差别，因此，在跨文化交际中也要注意到这个问题。

以上这些是关于跨文化交际中语言交际的内容，语言交际不仅仅是表达意义的交际方式，更是与我们的生活密切相关的交际方式。无论语言、语用还是语言的交际风格，都会对交际产生重要影响。

（二）语言交际的类型

1. 日常性交际

日常性交际的主要作用是人际互动，即人与人之间见面总得说点什么，以此来显示礼貌或维持正常的人际关系。日常性交际通常发生在两个人之间。这种交际是人类生活中最基本也是最重要的交际，同时，又处在交际系统中的最下层级，高一层次的交际都是在这种交际的基础上形成的，日常性交际的特点会影响高一层级的交际。日常性交际有如下几个特点。

第一，地位影响角色的转换。运用言语、文字等语言符号来传达信息的日常性交际，不管采用什么形式，利用什么媒介，都必须有两个交际的主体。这两个交际主体，一个是交际者，另一个是交际对象。交际者和交际对象的角色在交际中通常都要进行转换。角色转换的制约因素主要是地位的异同。地位大致相等，可以造成角色的经常转换，如同学、同事、朋友之间的交谈，他们之间没有利害冲突，因此，交际过程中时而是甲说乙听，时而是乙说甲听，双方在不知不觉的状态下频繁地进行角色转换。与之相反，如果双方地位不尽相同，此时两人的交际可称为非平等交际，在一定程度上来说，双方的角色转换就会十分艰难。非平等交际通常在父母与子女、上级与下级、老师与学生、雇主与雇员之间发生。他们之间的交谈大多是前者充当“传”的角色，后者充当“受”的角色。需要注意的是，所谓地位差异，会因为地区民族的差异而有所不同，带有一定的区域民族文化色彩，尤其在东方和西方社会文化中会有不同的反映。

第二，容易受非语言信息的影响。由于两人间的交际可以是面对面地交谈，也可以通过文字等形式进行联系，因此日常性交际很容易受到非语言信息的影响，这是因为这种交际的距离较近、范围很小涉及的人员又少，非语言符号的使用会增强交际的效果。交谈时，可以通过面部表情、手势以及双方交谈的方式来传达信息。同时，非语言符号还具有加速反馈的作用。面对面交谈时，面部表情往往先于语言符号做出对信息的反馈。例如，甲乙交谈时，乙对甲所说的话可能有不完全赞同的地方，在甲说话时，乙尚未发表意见前，就可能会出现微微皱眉的表情，甲看到乙这种表情，就可能会及时修正自己的观点。总之，在日常性交际中，对非语言符号的使用十分随意、十分频繁，这是其他类型的交际所难以做到的。

2. 谈判性交际

谈判性交际指的是发生在两个群体之间的交际。如果说日常性交际位于交际系统中的最下层级，那么谈判性交际则位于交际系统的最高层级。这种交际虽然在某些情境下是在甲群体中的个人与乙群体的个人之间进行的，但这时的个人已带上了这个群体的特色。就交际的性质来说，谈判性交际不同于两人交际，其交际的特点在于以下两个方面。

第一，群体的角色与群体中的个人角色之间有相当密切的关系。群体中的每一个人的思维、个性、语言习惯都会有所不同，因此，在群体中的每一个人可以有不同的角色：有的比较注意维护群体的目标，他可以是群体中的导向者；有的可能对群体所指定的目标、方针持不同意见，他则可能成为这个群体目标的顺从者。

群体在社交中所扮演的角色势必影响个人角色的扮演，使不同的个体角色在与其他群体进行交谈时，会有意或无意地抹杀了个体角色的个性特色，而表现出一种趋向性来。例如，两个群体在谈判，每个群体的成员在发言时，都必须维护本群体的利益，尽管每一个群体中的个别成员，并不一定都同意群体的全部意见，在一定程度上来说，如果群体中的成员缺乏一致性，将会使群体交际陷于混乱，无法统一意见，从而影响交际目的的实现。

第二，群体的交际效率与群体中个体的适应过程有很大的关系。每一个个人在从属一个群体之后，都要代表本群体进行交际，因此会经历一个适应阶段。首先，需要适应信息。从两人交际到两个群体之间的交际，身份和环境发生了变化，所要传递和接收的信息也会有所不同。一旦进入交际状态，交际者就会自然地产生紧张，从而使己方的交际质量有所降低。因此，缩短个体成员的信息适应的过程，对提高己方的交际质量有极大的促进作用。其次，需要适应角色和地位。个体成员的个性特色将在群体中抹掉，取而代之的是整个己方群体的共性，在己方群体中的角色或许与原有的角色相仿，或许与原有的角色不同，但个体成员都必须尽快地找到自己的位置，并对自己充当的角色要有信心。最后，要有一个语言习惯的适应阶段。两人交际时所使用的一些语言程式在群体交际时可能变得不大适用，因此，要尽快地改变自己固有的语言习惯，用适合于表达群体目标、符合群体特性的语言表达方式。

3. 传授性交际

在交流体系中，传授性交际是处于日常性交际与谈判性交际之间的层次结构。传授性交际行为通常是在演讲、授课、报告等场合进行的。与日常性交际相比，其交流对象的状况更为复杂，交流信息的反馈也更为复杂；与谈判性交际相比，交际者不受群体目的的限制，可以有更多的符合交际者特征的信息，运用更多的具有个人特点的交流方式。因此，传授性交际与前两种交际的特点是不同的，具体包含以下几种。

第一，交际的内容与情境要相适应。由于一对多交际的环境具有开放性、公开性的特点，众多的交际对象与公开的场地，使大部分交际对象的情绪容易受到其他系统和外界的影响与干扰，会使交际的效果受到影响。为此，交际的内容必须与交际情境相适应，这样才能吸引交际对象的注意力。

第二，语言习惯要适应交际对象的爱好。在传授性交际中，语言的使用更有其特殊性。它要求交际者在传递信息时，要特别注意所用的语言与交际对象之间的适应性问题。首先，要使用交际对象听得懂的话；其次，语言的感情色彩要适度，要考虑到绝大多数交际对象的感情问题，因此，尽量少使用那些较为极端的语言。因为这样的语言具有过强的感情色彩和过于明显的倾向性，会伤害一部分听众的感情，使这部分听众产生反感；最后，交际时的语调、语速要适应情境的需要和听众的需要，过快或过慢的语速或含糊不清的语音都是不合适的。

第三，交际者的个人信誉会影响交际的效果。传授性交际中的交际者的重要性是不言而喻的。其一，交际者的个人信誉、地位以及在交际对象心目中的权威如何，会直接影响交际的效果。具有权威性的交际者的话可能会使听者深信不疑，反之，则只能使听者半信半疑，交际效果自然要大打折扣。其二，交际者进行交际时的衣着打扮，这是一种非语言信息，但会使听者形成有关交际者的初始印象。如果说，听者对说者的初始印象能产生初始信赖感，那么说者的信息就可以最大限度地被听者接收。反之，初始印象不好，在开口之前已经为交际效果增加了负面影响。其三，交际者的谈吐。初始印象之后的谈吐，不仅可以使原先的听者的信赖感得到加强，有时也能使原先不好的初始印象得到一定程度的弥补和改善。

第二节　语言交际的构成要素

一、交际主体

交际活动至少要有两个人参加。交际主体指进行交际活动的双方，发话人将含有自己交际意图的语言进行编码，受话人对该话语进行解码，二者共同完成一场语言交际。语言交际是人们运用语言来表达各自意图的过程，显然，语言交际是不可能脱离人的参与而独自存在的，因此语言交际是以具有主观能动性的人作为交际主体的。

在语言交际中，交际主体实际包含着说话者和受话者两个角色。是在双向的交流过程中，说话者既是受话者，受话者也是说话者，两者之间并没有清晰的界限，在一来一往的交际中，说话者和受话者互换角色，直至语言交际过程的结束。在一个交际过程中，发话者首先出于自己的交际意图选择最合适的话语形式，并在特定的交际环境中将自己的意图通过语言形式传达给交际对象，也就是受话者；而受话者在听到说话者传递过来的信息之后，根据所处的交际环境、两人之间的关系以及话语形式，同样也可以通过对方的态势语以及自身的一个认知经验来推测说话者真实的意图，并对此做出相应的反应。这里还需要注意的是，说话者在说话的过程中，需要注意自己的表达是否恰当，是否成功地表达出了自己的交际意图，是否考虑到了交际对象的特点，只有综合考虑到各方面的因素，说话者的表达才能是成功的或者接近于成功。了解交际主体方面的知识，才能更好地规范交际行为，才能注意到自己作为言语交际主体一方的责任，才会有意识地在交际过程中随时改变自己的言语行为，目的是让对方更好地理解自己想表达的意思，达到更好的交际效果。

二、交际意图

交际意图既是语言交际行为的目的，也是语言交际行为的动机。交际意图是构成话语意义的核心和基础。我们讨论跨文化交际中的语言交际，实际上就是讨论交际意图这一核心内容，语言是思维的外壳，思维通过语言表现出来，交际意图是交际参与者内心活动的外化表现形式，人们在产生交际行为之前，总是带着交际意图，甚至可以这样说，没有交际意图的存在，那么语言交际也将毫无意义。所以在语言交际过程中，发话者由于某种交际意图进行交际，那么他就需要用一种易于理解或者通俗的话语将自己内心的交际意图传递给自己的交际对象；同样，受话者也不是只承担“听”这一任务，也需要承担“理解”这一任务，即在接收说话者的话语信息之后，他依旧需要对对方的交际意图进行揣摩，以达成一个完整的语言交际活动。

但是在很多情况下，交际意图的显现并非直接展示出来，说话者会将自己的交际意图隐藏起来，受话者就需要经过多番揣测，才能了解说话者的真实意图。揣测说话者的真实交际意图时，可以通过分析说话者表现出来的言语信息进行揣测，但是当交际意图隐藏之后，通过外显的言语信息去了解说话者的真实意图是远远不够的，这个时候，我们就可以借助非语言交际手段去揣测，说话者不经意间流露出来的肢体语言也许能够成为交际意图显示的关键。

三、言语行为

（一）言语态度

在言语行为中，言语态度的重要性不言而喻，它是语言在一定的环境中产生特殊行为效果的重要前提。在言语行为理论中，英国哲学家约翰·朗肖·奥斯汀（John Langshaw Austin）提出了“记述话语”和“施事话语”的概念，明确了话语中记述与施事的区别。话语被赋予了施事的作用后，语言的研究就要跳脱出单纯的对语言规则的研究，从而在语用学的框架中丰富了语言研究的不同维度，进而将语言的研究从语义学指向了语用学。

将语言置于语言学的研究中，使其不单单是具有语义内容的交际工具，还是能够产生相关行为的语用工具，在这个指向转变中言语态度起到了重要的作用。言语有了态度才能从单纯的交际工具向具有“以言行事”的语用工具转变，言语才能完成包含发话者重要的思想和情感的语用目标，并从个体化的角度出发产生一定的行为意义，达到发话者利用语言完成行为目的的作用。

在现实生活中语言仅仅作为交际工具时，语言所包含的信息内容就基本代表了语言的主要传递内容，只通过语言中的符号、规则人们就可以掌握发话者所要传递的信息，这是交际中人们了解相关表达内容的关键，在此并不涉及态度，而态度也不是影响人们对信息判断的关键。

当语言运用于意识形态和相关语境中时，作为传达意义的载体，它便自然包含了发话者的情感态度，语言所要传递的内容受到了发话者情感态度的影响，发话者的情感态度决定了语言的意义，语言因为发话者情感态度的不同就可以产生不同的意义指向，完成不同的行为目的，从而达到了语言能指与所指的作用，完成了发话者“以言行事”的目的。而发话者所包含的情感态度使得其语言具有明显的情感倾向，在一定程度上显露着发话者的情绪。态度会唤起受众的情绪，这种情绪会对受众由此产生的反馈和行为有很大的影响，它可以在很大程度上调动受众的情绪，使得受众能够产生最符合发话者行为目的的情感认同，而这种情感认同通常会促使受众产生与发话者行为目的一致的反馈，同时能够使得受众在行为上迎合或者支持发话者的行为。

（二）言语方式

由于言语行为的个体化特征，言语方式的选择依赖于主观产生的言语态度和言语动机。言语方式本身是客观存在且多样化的，因此，在语言交际中语用者在选择言语方式时则是主观能动的，它受到语言本身的语用规则的制约，以及言语者的态度和目的的限制。言语行为与语言的关系密不可分，而语言的使用以社会交往为基础，这就决定了它是社会化的符号体系，其语言符号的使用有着明确的规律，是基于社会成员之间共同的认识，是社会成员之间为了方便交流而约定俗成的一套规则，这种规则的产生对于社会的语言方式有着重要的建构作用。而基于个体的言语行为，其言语方式的建构一方面是基于语言方式，另一方面则是基于语用者自身的主观意图。

在具体的言语行为中，语用者根据所处社会环境的语言方式，对相关的语言符号体系进行加工使用，以此来迎合自身的言语行为，达到相关的行为目的。在遵循着所处社会的语言方式的基础上，言语方式受到语用者自身主观意图的影响必然最为重要，这也决定了言语行为具有个体化行径的特点，而语用者自身的主观意图又通常受到了所处环境的影响，这种环境包括文化心理、民族习惯、社会心理等方面，它们促使语用者在进行言语行为时对言语方式进行选择和改造，从而使得言语行为能够在社会化的语境中完成相关的行为目的，在共同的语言环境中实现个体化言语目标，使言语行为能够借助社会化语境达到“以言行事”的效果。

（三）话语信息

话语信息是指语言交际过程中发话者在行事层面所包含的各个层次的信息内容和信息含量。其中，信息内容是话语信息的内涵，信息含量是指内容的多少。话语信息很大程度上由言语态度决定。

第三节　跨文化语用下的语言交际

一、跨文化语用学概述

（一）跨文化语用学的含义

想要了解跨文化语用学的含义，我们首先要知道什么是语用学。语用学主要研究语言的使用与语言使用者之间的关系。而形成于 20 世纪 80 年代的跨文化语用学，是在跨文化交际学研究基础上发展起来的一门新兴学科，是顺应语言学在经济全球化语境下横向拓展与纵向深化趋势的产物。

相较于语用学，跨文化语用学更加着眼于交际中不同语言之间的社会文化背景、思想行为等。不同国家的母语之间蕴含着文化差异，而跨文化语用学是侧重于人们在跨国别交际中，使用同一种语言进行信息互动的方式，并且基于其广泛的学术研究基础，对全球一体化时代潮流的迎合，跨文化语用学研究已成为一门有着巨大发展潜力和重要研究价值的语用学分支学科。

（二）跨文化语用学的原则

1. 合作原则

针对言语交际的进行，美国语言学家格赖斯提出了合作原则，即根据会话目的和交流方向，为交际提供所需的话语或信息。他认为，人们在进行言语交际中的共同愿望就是在互相理解和配合中顺利实现交际。格赖斯将合作原则划分为数量准则、质量准则、关系准则和方式准则四个范畴。

合作准则要求交际双方所提供的信息要适量且符合交际需求。数量准则强调信息的必要性，对所需信息的数量也有要求；而质量准则要求在交际中要提供真实信息，不说虚假或缺乏证据的话；关系准则要求在交际中要提供关联信息；方式准则要求在交际中提供清楚明白的信息，简单明了，井井有条，避免出现晦涩难懂和容易产生歧义的话语。

根据以上格赖斯提出的合作原则的基本内容及其实质，我们认识到在交际环境中要不断理解另一方说话的目的和动机，处于不同语境中的说话人对合作原则中的准则会有不同的选择和侧重，因此双方可能会无法达成相互理解和配合的状态，从而对合作原则造成干扰，影响交际的实现。

2．礼貌原则

礼貌原则是一种社会学原则，以说话人为原则，与合作原则互补。关于礼貌原则，学术界有不同的探讨，列举如下。

礼貌可以从语用等级观、会话契约观、面子维护观和会话准则观四个方面来探讨。语用等级观以考察礼貌等级为重点；会话契约观认为交际中的礼貌会受到交际者的直觉及双方的社会地位、权势和义务等语用因素的制约。

礼貌策略分为正面礼貌策略、负面礼貌策略、直接性策略、间接性策略和放弃威胁面子的行为策略。

礼貌原则分为得体准则、慷慨准则、赞誉准则、谦逊准则、一致准则和同情准则六类，其中得体准则最重要。

根据以上对礼貌原则的内容的界定和分类，我们得出结论：礼貌原则是相互的，强调对交际对象即听话人的礼貌，而非说话人自己，人们在进行交际时应使对方感受到受尊重和舒服，进而对说话人产生好感，取得成功交际。礼貌原则具有级别性、冲突性、合适性三个特征。

在语言交际中，人们主要注意语言手段的语用特征，更要注意礼貌语言的级别，在交际过程中需要参照人际关系、社会地位等因素来衡量礼貌程度。从语言手段的礼貌级别来看，间接性言语行为是最礼貌的，礼貌级别要高于直接性请求，而冲突性就是指在相同语境下各准则间可能发生冲突。

3. 关联原则

关联原则指出交际是交际双方明示—推理的过程，以关联为取向，设定每一个明示的交际行为都具有最佳关联性。关联原则包括认知原则和交际原则。

根据关联的交际原则，明示刺激即话语刺激需要听话人付出一定的努力来处理，进行推理思考，以获得最佳的语境效果；交际双方对话语和语境的脱离越成功，其关联性就越清楚，人们就更容易正确地理解话语，从而达成成功交际。

根据以上内容，我们可以发现，关联原则发展了合作原则。二者之间的主要区别在于，关联原则不会着重强调交际要进行合作，对成功交际的界定更清楚。关联原则是人们在交际场合中能够自觉遵守的原则，且在交际过程中说话人和听话人能明白彼此话语间的明示信息和隐含信息。

二、基于跨文化语用的语言交际

（一）以跨文化意识为基础构建语境

语境指的是语言交际过程中的环境和氛围，语境与语言是两个彼此依存的概念，语言交际过程中会产生语境，而语境也会对语言交际质量产生影响。语境不对等是一个十分常见的问题，不同文化环境使得语言的使用规则不同，人们在交流的时候会不自觉地融入本族文化的行为习惯，加上受外界因素的影响，语境很有可能与语言的内容不相符，从而产生了不对等现象。

语境是一种理论的构建，是一种抽象的、不包括任何可能出现的环境因素，在交流过程中必须做到语境的构建，才能实现良好的交际。语境包括很多方面的内容，如一个国家或民族的风俗习惯、历史、文化、某个词的前后关系、上下文等。构建语境是交际双方的责任，两个人在构建语境的时候要结合他人的文化背景，所说的话语不能只是照顾到自己的文化习惯和语言习惯。因此在交际的时候尤其要加强跨文化意识的应用，加强对语境的把握。语境的构建会产生很多语境层次，其中最高的层次就是文化语境。我国的文化博大精深，因此，在语言交际过程中，双方都应该本着跨文化意识创造出更多适合交流的语境。

（二）构建言语行为

不同语言的交际可以看成是对外来语进行阐释的一种推理活动，交际者的话语中总是可以透露出各种各样的信息。人们在认知过程中，总是喜欢偏向于有关联性的各种事物，关联性也是人们的认知基础。

因此在语言交际过程中，应该加强言语行为的构建，尤其是加强对有关联性的言语行为的构建。言语行为是交际者进行推理明示的过程，在推理明示之后一般有两种意图：一种是信息意图，即通过言语交流要给人传递一些信息；另一种是交际意图，即要实现和人进行深层次的交流，在各种信息传递的过程中挖掘出更多新的东西。这两种意图有着十分紧密的联系，缺一不可。

语言交际的过程其实就可以看成是言语行为的构建，在这个过程中也应该结合跨文化意识和相关的语用理论，采用合适的方法，使得言语行为可以产生最佳的交际效果。在跨文化语用下，双方进行语言交际的时候，并不能只是逐字逐句地交流，也不能对对方所说的话进行翻译，而应该结合文化背景，对一些句子进行改变，在实现交流的基础上对交际对象的语言进行考量，将不同的语言交际行为转换成为同种语言交流。为了实现这一目标，需要语言交际人员在语言交际过程中加强对跨文化意识以及语言的关联性的认识。语言交际者可以根据实际情况，对对方所说的词语、句子等结构进行重组，提高语言交际质量。

（三）对文化差异进行包容和学习

在语言交际过程中，由于文化差异导致对话过程中闹出笑话的情况也很多，语言交际不仅是简单的对话，更是文化的交流。针对语言交际过程中出现的文化差异现象，要有足够的包容心态。例如，西方人认为中国人大多是很难读懂的，因为他们不习惯中国人的说话方式，中国人讲英语的时候很多语序也是按照汉语的语序来完成的，我们讲话一般习惯主体加述语的结构，主题一般是列举人、事物或者相应的观念，然后对其进行详细的叙述；而讲英语时，则更倾向于使用谓语结构。对此，在进行交际的时候，可以尝试使用英语对话的形式和风格进行交流，这也有利于我们更好地学习一门新的语言。

（四）增加阅读量

阅读是人们了解外国文化的一个重要途径，为了加强对文化差异的理解，实现更好的交流与沟通，我们可以采取增加阅读量的方式。中国人可以对西方的文学作品、历史资料等进行阅读，而且要尽量阅读英文原版，这样不仅可以增加词汇量，还可以提高对英语使用习惯，以及英语文化的理解。外国人也可以同样地加强对中国文化作品的阅读，从中可以了解到汉语的使用习惯和规则，从而在与中国人进行交流时对于一些语法可以有更好的理解，对相关文化有一定的了解，有助于提高交际双方的跨文化意识。

由此，语言和文化是两个不可分割的概念，文化是语言的根基，语言是文化的体现。文化对语言的影响体现在很多方面，如语音、语法、词汇、语境等，这些都是语言交际过程中的重要因素，人往往是通过对这些因素的理解和分析来掌握对话含义的。在不同的文化背景下产生不同的语言交际方式，为了实现良好的交流，必须要加强对跨文化意识的运用，正确对待文化上的差异，对这些差异进行有效的分析和应用，使得语言交流过程中的语法、语境不对等的情况尽量少出现，或者减少对交际过程产生的影响。

第五章　跨文化交际中的非语言交际

非语言交际在跨文化交际中占有举足轻重的地位，尤其在不同文化进行交流的场合更显重要。非语言沟通是指除了语言的沟通方式，包括肢体语言，服饰如制服、发型、化妆等。在不同文化中，肢体语言的意义往往是不一样的。各民族有不同的非语言沟通方式。本章分为非语言交际相关理论、非语言交际的分类、非语言交际的功能三部分。

第一节　非语言交际相关理论

一、非语言交际的定义

在交际的过程中，语言承担着重要的角色，是人们沟通过程中必不可少的工具，人们通过语言表达自己的思想和传递信息。但是除了语言之外，非语言行为也可以达到沟通的作用，语言交际和非语言交际都可以提升人们跨文化交际的质量。研究表明，在跨文化交际中，通过语言传达的信息不过占整体的35%，剩下的65%则通过谈吐、风度、动作、姿势、时间、空间等非语言的手段来表达。因此，非语言交际的重要性不言而喻。在交际过程中，语言交际和非语言交际共同发生作用，以达到交流的目的，但是非语言交际承载着更多元的交际信息。因此，想要顺利地进行跨文化交际，交际双方需要了解对方的非语言交际行为的内涵和规则。非语言交际这一概念可以分从两个层面来理解，即“非语言”和“交际”。非语言就是指通过语言之外的其他方式来达到沟通交际的目的；交际就是指交际双方通过各种手段传递信息，以达到沟通的目的。

对于非语言交际的定义，不同学者有不同的看法。杨平认为：“非语言交际是指交际者运用身体的自然特征和本能向对方传递信息、表达特定语意的过程。”[①] 这种定义是针对非语言交际本身的论述。胡文仲认为：“一切不使用语言进行的交际活动统称之为非语言交际。”[②] 胡文仲是在语言交际和非语言交际对比的基础上，得出非语言交际的概念。

祖晓梅在总结诸位学者观点的基础上得出非语言交际的定义：“非语言交际行为是指除语言之外的各种非语言交际行为；非语言交际行为涉及发出者和接受者的编码和解码，因而具有互动性；此外，非语言交际行为是在特定情景中产生的，因此对于非语言交际行为的解读要结合语境；非语言交际行为可能是无意的，也可能是有意的。[③]

通过解读学者对非语言交际的不同定义，可以发现其中存在共同点：非语言交际行为是除了使用语言以外的交际行为。交际发生的任何时候，语言交际和非语言交际的关系都是相辅相成、相互促进的，非语言交际行为可以在很大程度上促进语言交际行为的完成。

二、非语言交际的特点

（一）非语言性

人们在交往时的语言和非语言行为充分反映了他们当时的想法，这些想法大多会通过语言表达出来，但有些内心的想法也会不自觉地体现出来。例如，老师在讲解内容时，会有意识地放慢速度、强调重点、时刻注意仪态仪表。人们的有些行为是无意识的，如一些口语词、口头禅，下意识摸摸头发、扶下眼镜等，还有人在紧张时会不由自主地颤抖、害羞时会脸红等，这些行为都难以控制。以上都体现了人们在无意识中会通过非语言交际符号向外传递信息的特点。

（二）非结构性

非语言交际没有严格的规定和确定的模式，也没有特定的构造和特别固定的符号，所以非语言交际不能脱离当时的语境、人物、时间独自出现，要与当下所

---

① 杨平．非语言交际述评 [J]. 外语教学与研究，1994(3)：1-6.

② 胡文仲．跨文化交际学概论 [M]. 北京：外语教学与研究出版社，1999.

③ 祖晓梅．跨文化交际 [M]. 北京：外语教学与研究出版社，2015.

处的环境和文化结合理解。具体表现在两个方面：一是相同的动作在不同语境下表达出不同的意思，如掌心向前左右摆手这个动作，在见面时表示打招呼，在分别时表示再见，还可以表示拒绝等，此外文化不同，相同动作的解读也会不同，因此对非语言交际符号含义的理解要在具体情境或同一文化中；二是一些非语言交际符号即使在不同的国家和不同文化背景下仍然是相通的，如人一出生就会大哭，用微笑传达善意、示好等。

（三）持续性

语言交际过程中可以停止说话表示暂停，说明语言交际是可以间断的。但是非语言交际与语言交际不同，它是以持续的单元为基础的，因此非语言交际具有延展性，如两人争吵之后，即使不说话，双方的态度、语气、体势和面部表情等非语言交际符号都在传达着当下的情绪和想法。再如，在课堂上，教师走到学生身边，即便教师不说话，教师旁的学生仍然会不由自主地紧张起来。因此，非语言交际符号的出现都是有一定意义的。

（四）丰富性

非语言交际的丰富性是相对语言交际而言的，语言交际中的语言单位是单向道，只能一个接一个地出现。而非语言交际可以是多层次的，在整个立体空间中展开，并且多种非语言交际信息可以出现在同一个人身上，这就使得非语言交际的内容具有丰富性和戏剧性，沟通效果显著，有效促进了交际的进行，活跃了交际氛围。在日常生活中，如果一个人在交谈的过程中表情、肢体动作丰富，那么交际气氛多是轻松的，沟通也会达到一定的效果。

（五）文化差异性

非语言交际行为和它所对应的意义并没有必然的联系，它们是在一定的文化环境中建立联系的，在不同的国家和不同的民族中，非语言交际行为有不同的规则。例如，中国人受循环时间观的影响，对时间是从整体上把握，使用上具有模糊性，人们可以在同一时间内做好几件事，并且不习惯做时间表，不受提前计划、日程表的限制，对时间的把握较为灵活、不呆板、具有弹性；而西方人受线性时间观的影响，他们把时间看成现在通往未来的道路，习惯于把这条“道路”分割成一个个部分，把每部分都做好精密的安排，把自己的事情放在计划好的时间里完成，从而提高时间的利用效率。

（六）立体性

语言交际是按照一定的语言规则，将词语连接成句，具有线性特点；而非语言交际具有立体性，和上述持续性原理相似，非语言交际的信息是以视觉的形式传递到接收者那里，因而具有多维性和立体性，交际双方的眼神、面部表情以及身体距离，可以直观立体地呈现在对方面前。

（七）真实性与直观性

非语言交际往往比语言交际更具有真实性和直观性。语言是通过声音这一载体传递信息的，信息接收者不能直观地接收信息，只能通过听觉拼凑信息，而非语言交际行为是通过一些肢体语言、动作表情传递信息的，信息接收者可以通过视觉直观地接收信息。

例如，当学生获得了满意的成绩时，脸上会不自觉地流露出喜悦之情；又或者人们遇到自己感兴趣的事物时，会不自觉地目光聚焦；又或者学生没有按时完成教师布置的作业时，教师脸上会不自觉地流露出失望之情，这些非语言行为都是无比直观的，可以直接反映一个人内心的想法，直接体现一个人的兴趣爱好所在。

（八）无意识性

人们由身体所展现的“语言”往往能将本没说出来的内心隐藏的东西显露出来。身体语言有时是有意识的，如教师在讲解教学内容时，会有意识地挺直身体、十分注意教姿教态，时刻注意整理自己的仪表和形象；但有时则是无意识的，不知不觉的，如扶一扶眼镜、挠一挠头等。在人们沟通的过程中，人们可运用自己的身体语言向对方发出信息，而这些身体语言在大多数情况下是无意识的，是人们内心活动的自然流露。例如，教师在讲课时，如果学生不和教师进行目光交流也不看课件或黑板，而是注视窗外或其他地方，这就表明学生对教师所讲解的内容提不起兴趣，无意识的身体语言在某种程度上体现了人的意识。

教师应有意识地调整自己的非语言交际行为，通过观摩优质课堂等途径提升自己的非语言交际能力，克服无意识的、不利于学生课堂学习语言的负面非语言交际行为。

三、非语言交际的价值体现

（一）教师非语言交际行为的价值体现

在课堂上，教师会关注交际的整体现象，通过非语言行为给学生留下的印象比主体知识和言语信息给学生留下的印象要深很多，因为肢体动作和动作语言可以传递出更加清晰的信息。教师有效地使用非语言线索可以使得自己成为更好的演讲者、控制者和娱乐者，也有助于表达情感、展现个性和扩大语言能力。非语言交际还可以通过增加语言的额外维度，建立广泛的课堂实践，如减少教师不必要的说话时间，提高学习者的参与度，让学生建立起充足的信心，减少恐惧；除此之外，非语言交际还是教师进行课堂管理的有效手段，可以改善课堂气氛，提高跨文化交际能力。因此，在课堂上，非语言交际行为是一种比语言交际更能有效改善师生关系的有力工具。

教师对学生的反应会通过语言交际和非语言交际两种方式反映出来，如果教师的语言和非语言行为与学生的沟通模式是一致和加强的，那么会给学生在行动时提供明确的信心，否则会给学生的创造高度带来不确定性。这会影响学生的自信水平，降低通过言语交际策略建立起来的整体成就感。因此，教师的非语言交际行为极其具有价值性。

（二）学生非语言交际行为的价值体现

学生的非语言交际行为也可以为有效教学提供线索，因为学生在课堂上处理学习的能力可以从他们的非语言交际行为中得到线索。在课堂上，学生的非语言交际行为被认为是注意力集中的标志。学生的直立姿势、眼神交流、点头、微笑等通常都可以被理解为注意行为，这些都与教师对学生的学习态度和学习能力的评价呈正相关。

学生的非语言交际行为与其自信心和情绪密切相关。对许多学生来说，教室是一个产生焦虑的环境，一些学生在课堂上感到焦虑或者无聊时会产生更多的行为，而有些行为通常被视为不当行为，学生可能会因此受到惩罚。

四、非语言交际与语言交际的关系

语言交际与非语言交际是人类交际中非常重要的两种方式，二者相辅相成、互相补充，既有区别，又有联系。

（一）非语言交际与语言交际的联系

非语言交际行为可以更为直接高效地传递信息，可以弥补教学过程中教师语言交际的不足，对语言交际进行重复、补充、代替、否定、强调、调节。

1.非语言交际行为是对语言交际行为的重复

非语言交际行为可以重复教学中语言教学的内容，使用体态语表述与语言信息相同的含义。非语言交际行为和语言行为同时发生，可以辅助有声语言高效地进行交际。重复语言信息就是要强调和解释语言内容，人们有时会利用非语言行为来重复语言教学中所传递的含义，如表扬学生时，不仅要用“非常好”，还要做出竖大拇指的动作或者鼓掌的动作。

2.非语言交际行为是对语言交际行为的补充

非语言交际在课堂教学中起补充说明的作用，可以提升语言的表达效果。非语言行为并不是独立出现的，而是和语言行为同时出现，并对其进行补充说明。有时有声语言传达的信息含糊不清或不精准，此时使用非语言交际手段来修饰或形容语言教学内容，能够填补有声语言不够完善的地方。

3.非语言交际行为代替语言交际行为

在某些情境或者环境中，无声胜有声，如受到批评之后，学生觉得自己没错，很委屈，默不作声但一脸委屈，眼泪也流下来了，学生虽然没说话，但是老师能知道学生对批评是否接受。

4.非语言交际行为否定语言交际内容

非语言交际不仅能够对语言交际起到辅助作用，它更能反映出一个人内心的真情实感。有时，语言信息和非语言信息之间可能会出现矛盾，如果某人的语言信息和非语言信息相互矛盾，人们会更相信信息发出人无意识下表现出的非语言交际的动作细节，因为非语言行为最能代表信息发出人的真正想法，其身体信号无疑比语言信息更可靠，可信度更高。因此，当语言交际行为与非语言交际行为出现了矛盾，人们通常更愿意相信后者。

5. 非语言交际行为是对语言交际行为的强调

非语言交际行为可以用来强调口头信息。比如批评别人的时候用手指指着对方，说话时着重强调特定的字眼等。

6. 非语言交际行为是对语言交际行为的调节

非语言交际可以用以调节信息和转换交流，在交际的过程中人们经常使用非语言行为向另一方表达他们的感情或态度。例如，在上课过程中，教师会用目光锁定下一个要发言的人；上课时学生情绪不高，可以用一首带动气氛的音乐调节课堂氛围。

（二）非语言交际与语言交际的区别

1. 非语言交际的表达方式更多样化

非语言交际不像语言交际那样只通过书面语和口语形式传递信息，它既可以有效地利用人们的手势、面部表情等肢体语言，也可以通过人与人之间的体距、空间环境、服饰、体味、触觉、视觉、嗅觉等形式表达所要传递的信息。所以，非语言行为比语言行为的表达方式更具多样性。

2. 非语言交际更具连续性

非语言交际不像语言交际那样一切交际行为止于语言，相反，非语言交际在停顿、沉默时也传递着一定的信息。例如，上课时教师让学生讨论问题，自己在旁边站着，虽然不说话，但是也是在监控学生的学习状态，看他们是否在认真讨论问题。

3. 非语言交际的内涵更丰富

同一种行为在不同的文化背景下有不同的非语言表达方式。例如，问好的动作，在中国见面问好是“握手”，在泰国见面问好是“双手合十”，在欧美国家见面要“贴面或者拥抱”。另外，同一种非语言行为在不同的文化背景下意义也大相径庭。例如，在我国摇头表示“不同意”“不是”等，在阿拉伯地区、印度却表示“同意”。

第二节　非语言交际的分类

一、体态语

（一）体态语的含义

体态语，又被称为身体行为，是指通过身体动作来传递信息、表情达意。体态语的范围广泛，凡是与身体有关的动作、神态等都是体态语的范畴，当会话主体之间无法用语言进行沟通时，人们常常会借助身体动作来表达说话人的意图。例如，在表示怀疑、无奈时会两肩上耸并双手呈摊开状，交谈时目光直视对方以表示尊重。

课堂教学是师生之间双向交流的过程，教学语言是推动这一过程顺利完成的重要桥梁，但是这里的教学语言主要是指有声语言，除此之外，无声语言中的体态语也可以修饰、替代部分语言交际，弥补语言交际的不足，在教学也发挥着不可替代的作用。在教学中，教师应当合理运用表情、眼神、身势等体态语动作，将晦涩的内容以直观、生动的形式展示给学生，向学生解释、传递信息，缩小文化差异，调节课堂氛围，激发学生学习的热情。

（二）体态语的分类

1. 身势语

身势语是指通过肢体动作的变化所体现的具有说明性的姿态，包括站姿、坐姿和行姿。教师作为教学的主体，是学生模仿的对象，其一言一行都会对学生造成影响。教师一般使用丰富的身势语辅助教学，这样不仅能够很好地传递教学内容、避免语言交流障碍、提高教学效率，还可以活跃课堂气氛、吸引学生的注意力。

（1）身势语的定义

身势语在人际沟通中有着口头语言无法替代的作用。身势语是人类重要的交际手段之一，它以表达感情信息为主，也表达一定的理性信息。所谓身势语是指由人体发出的具有表情达意功能的一套图像性符号，包括人的面部表情、身体姿势、肢体动作和身置的变化。

（2）身势语的特点

第一，与生俱来与后天习得的身势。本能的身势与生俱来，例如，笑、微笑、哭。婴儿饥饿的时候会吮吸手指，或者当一样东西突然朝眼睛飞来时眨眼，都是由自主的神经系统控制，不学就会的。习得的身势是指可以通过后天学习而学会的视觉身势或听觉身势，它们已成为说话者文化的一部分。

第二，身势可以单独出现，也可以随口头的言语出现。我们可以只通过身体的姿势、手势，或者是面部表情等身势语来传达出我们所要表达的意思，也可以伴随着这些身势说出内心那刻的感受，或激动，或悔恨，或气愤等的一些话语。值得注意的是，所说的话和当时的身势语一定要一致，否则将令对方迷惑、误解或者是使谈话没有任何意义。

第三，不同文化可能会使用完全不同的身势语。英语国家表示“指标事物”的身势是把手伸出，手掌向下，只用食指朝向所指的物体；而在亚洲国家，这是不礼貌的动作，尤其是用来指人的时候，通常是用整个一只手来示意；但是在马来西亚人们更喜欢只用大拇指来指示。

第四，同样的身势语在不同文化中可能意义不同。我们通常会用食指在太阳穴附近画圈，表明要开动脑筋、动动脑子，但是在英语国家这一动作确是表达发疯、抓狂；手指放在喉咙上，俄国人表示吃饱了，而日本人表示被炒鱿鱼了；竖大拇指的动作在我们看来表示太棒了，真厉害，做的很好，而在日本却是表达数字五，同样的动作在中东和非洲州的一些国家使用有冒犯的意思在里面。

2. 眼部动作

“眼睛是心灵的窗户”这句话我们再熟悉不过了。透过眼部的动作、眼神的转换、目光的接触，交际双方很快就能实现信息的传递和交换。恋人之间含情脉脉的眼神，传达出爱情；父母对孩子温情的眼神，传达出亲情；犀利的眼神，让人敬畏和害怕；柔和的眼神，让人感到温暖和亲切；目光呆滞，则能反映出一个人疲惫、精神状态不佳或者智力不足；目光灵活，则能反映出一个人灵活、机智、充满活力。眼珠向不同方向转动，也可表示不同的含义，如向上看可表示傲慢、目中无人，也可能是在思考；斜眼则可表示蔑视、轻视。中国人为了表示礼貌，不会长时间直视对方，当和对方有目光接触时，会立刻回避。这体现了中国文化的含蓄和内敛的特质。而在一些欧美国家，较短的目光接触会被认为是不尊重或者轻视。大多数中国人常常喜欢围观，而一些英语国家的人非常反感这种行为，认为这是一种没有礼貌的表现。

3．面部表情

面部表情也是传递信息的一个重要手段。良好的教师是指那些可以有效运用必要的表情控制自己情绪的教师。教师温和、亲切的表情可以让学生感受到教师的关爱，能够打破师生间的“最后一公里”，缩短教师与学习者之间的心理距离。同时，脸是心灵的镜子，教师的面部表情变化是对学生回答问题的反馈，是教师真情的表露，学生可以一眼读懂，通过教师表情的变化判断自己回答的情况。同样地，教师也可以从学生的面部表情了解学生对于课程内容的接受程度，以此来调整教学进度。如果学生的面部表情比较呆滞，说明该生对于本堂课程不太感兴趣或者走神了，教师需要适时调整教学节奏，可以做个课堂小游戏来活跃一下气氛。

面部表情作为情绪表达最直观的方式，人们总是不自觉地将内心的各种情绪通过面部表情表现出来。对于相同的动作，不同文化身份的个体会有不同的理解，汉语教师在教学中应该控制无意识面部表情的使用，避免出现文化冲突。

4．头部动作

配合眼部动作和面部动作，头部也会随之做出相应的反应。单一的头部动作表达的含义是模糊的或者并不包含任何实际意义。表示轻蔑、高傲的态度时，斜眼的同时头向斜上方抬起。点头时表示赞同，面带微笑、眼神真挚有力；如果点头的同时，带有轻蔑的、不屑的神情，冷笑或是苦笑，多是否定或不满。一些英语国家的人打招呼时，会将下巴扬起，微笑并点头。近年来，受到西方文化的影响，中国人也会做出此类动作，但是常常是在熟识的人或者同辈之间，如果对长辈也采用这样的打招呼方式，会显得不够礼貌。

除此之外，头部动作还可以用于指示方向。在中国，点头有同意、允许、命令、承认、认可、感谢等意思。当和别人交谈时，要不时点头表示你正在认真倾听。摇头可表示否定、抵制、拒绝、禁止等，当然也有自相矛盾的时候，如在表达高兴和赞许时，会激动得一边摇头，一边说：“我简直无法相信这是真的！”“我在做梦吗？”在少数国家摇头也表示肯定，头部微向前伸表示对事情很有兴趣、愿意倾听，而头向后仰则表示漠不关心、没有兴趣、无关紧要。

5. 手部动作

人类用双手创造了世界，运用手部动作来进行交流，成为非语言交际中最为细腻也最为核心的表达方式。和面部动作相比，手部动作表达更准确。前者适用于近距离交际，因此有一定的局限性；而人们在较远的距离仍然可以识别手部动作。在日常生活中，后者发挥了不可替代的作用。在一些体育比赛中，相互配合的队友在赛场上通过手势来进行交流。交通警察用手势和动作指挥交通。手部动作千变万化，难以全部收集和整理。南美洲人交流时手势较多，而大部分亚洲人认为说话时指手画脚是缺乏教养的行为。当然，因为性别不同，手势也会有所差异。例如，女人的手势比男人少，并且幅度要小一些。在一些国家，食指和中指呈“V”状，手心向外，意思是胜利，成功；大拇指和食指相扣呈圆形，竖起其余三根手指，意为“好的”，表达同意和赞许。在大多数国家，竖起大拇指意味着“了不起”“真棒”，然而在伊拉克，竖起大拇指却有侮辱和讽刺的意味。手势动作还可以用于计数，中国人从右手拇指开始，一一弯曲手指计数，而有的英语国家的人是将一根根的手指掰开。此外，手势还可以用于方向、位置的指引，物体的描述等。

6. 体触

体触行为是动态且无声的语言，是借助身体各部位间的接触来传递信息或者表达情感的。拥抱、亲吻、握手、拥挤等都是非语言交际行为手段。体触行为在我们日常的社交中发挥着重要作用。

体触行为在使用中传递着较强的情感色彩，在行为表现上也存在着因为价值观念的不同而导致的文化差异。例如，在英语国家，触碰别人的小孩是不被允许的，而在中国大人触碰小孩子则表示对他们的喜爱。在中国，教师为了表示对学生的喜爱和鼓励，往往会摸一下学生的头或拍一下学生的肩膀或后背；但是在泰国，教师不能去触碰学生的头，甚至不能将手放在学生的头顶。

（三）体态语的理论基础

心理学家阿尔伯特 · 玛洛比恩（Albert Malobian）发现了一个规则：人与人

交往时的总交流量＝ 7%的文字交流＋ 38%的口头交流＋ 55%的面部表情交流。[①]简而言之，人们在说一句话时，文字只能表达 7% 的内容，语音可以表达 38%，而大量的信息是通过面部表情等体态语进行传递的，所以相对于语言交际，体态语这一非语言交际传递的信息量更大。宜宾学院何奎莲教授编著的《体态语——现代教师的必修课》一书，描述了大量传递情绪的身势、面部表情等体态语，强调了身体动作、体触等的重要性，充分体现了体态语在语言教师生活和工作中的重要作用。

二、副语言

副语言伴随有声语言存在，虽有声但无意，依据说话人的情绪变换音调、音量等，在交际语境中让听话人了解所要传达的意思，推动交际的进行。

（一）副语言的界定

对于副语言的定义，学界众说纷纭。副语言行为包含以下三个要素：第一，副语言行为是除了言语行为以外的，对语言交际具有辅助或者代替语言作用的一种表达方式。第二，副语言行为必须是两人及以上相互作用产生的交际行为。第三，副语言交际的目的就是传递信息，交际者的所有非言语行为都携有一定的信息，没有意义的信息交流都不是副语言交际。

副语言分为有声副语言和无声副语言。前者包括音量、语调、语速等伴随语言产生的具有表意功能的非言语文字输出的语音现象；后者包括一切与话语同步发生或单独使用的肢体动作、面部表情、手势、空间位置和距离以及衣着服饰等，并对交际产生意义和影响的无声而有形的现象。

（二）副语言的分类

与语言表达不同，副语言注重语言表达的方式，而非语言表达的内容。它是伴随着有声语言的那些没有语义的声音，也包括沉默，还可通过控制或变化音高、音量、音强、音色、音质、语速、语调、停顿等起到对语言的伴随作用。副语言主要体现在停顿沉默、声音修饰、话轮转换、非语言声音、类语言等方面。

---

① 邓楸偲妮．对外汉语教学初级阶段体态语运用研究［D］．昆明：云南大学，2015.

1. 停顿沉默

在交际中，不做出有声的反馈，而是通过停顿或者沉默表达意见和看法，所谓“此时无声胜有声”。在中国人的交谈中，沉默可以表达非常丰富的含义。伴随着语言，停顿或沉默既可以表示同意，也可以是无声的反抗；既可以表示默认，也可以保留自己的看法；既可以表示顺从，也可以表示坚持自己的立场。适当的停顿或沉默会产生比语言更明确清晰的表达效果，可以更强有力地表明自己的立场和态度。沉默这一交际方式，在中国包括东亚其他国家（日本、韩国等）较为常见。受到儒家文化的影响，人们会比较委婉地表达自己的观点或者态度，不会言辞激烈地拒绝或者批评别人，常常用沉默来代替。而英语国家的人，虽然赞同“沉默是金”，却非常不习惯这种交际方式。成人之间的交流，如果听清楚问题，就应该有所反馈，如果对方以沉默来代替，他们会觉得不受尊重。因此，霍尔根据这一差异，划分出了“高语境文化”和“低语境文化”，前者也可以叫作“依赖语境的文化”，后者也可以称为“不重视语境的文化”。

2. 声音修饰

同样一句话，如果采用不同的语调、音强、音速、音长，即使是同一个人说出来也会有不同的含义和不同的表达效果。声音的修饰作用也正体现在此。演讲时，抑扬顿挫的语调会吸引听众的注意，而平铺直叙的语调会让人感到疲倦。声音的强弱可以体现一个人的性格，自信的人声音洪亮而有力，胆小的人会低声细语；情绪激动时，语速加快、音调升高；平静时则是娓娓道来、不疾不徐。声音的修饰还可以直观地反映出一个人的健康状况：健康者中气十足、沉着有力；体弱者则会软弱无力，底气不足。由于身份的不同，说话的语调也会有所不同。如果语言没有声音的修饰，将会是苍白无力的。当然，我们也应注意在不同的场合使用不同的声音修饰，避免引起他人的反感。

3. 话轮转换

话轮转换通常出现在话轮结束、话轮维持、话轮请求、话轮返回时，而且通常都是有声的反馈方式。交际是一个双向互动的过程，为保证交际顺利进行，根据合作性原则，一方在表达自己的意见看法时，另一方要做出适当的反馈。话轮转换的特点在于说话者和听话者在交际过程中的角色不断转换，却很少出现重叠或者冷场。比如，在听别人说话时，听话者会不时地根据情况发出“嗯”“是的”，以示你在认真地倾听。当讲话方要结束自己的发言时，会变化声调、拖长音、放慢语速等，或者给听话者一个目光的接触和暗示，示意讲话结束，听话人可以发言了。如果听话者此时不想发言，希望讲话方继续说下去，则会以一个目光接触作为反馈，或者用沉默代替。在会话过程中，礼貌性原则有时会被忽略。听话者不想继续听下去，想打断讲话者或者插话时，会发出一些提示声音。当讲话方希望继续讲下去，不希望被人打断时，则会加快语速，变化音量，还会使用一些字词来填补发言时的间隙。在跨文化交际中，应避免长时间独占话轮，以及随意打断他人的发言，对他人的发言不做出回应等；应遵循合作原则、礼貌原则以及经济原则，在别人讲话时，认真倾听，给出恰当的反馈。

4. 非语言声音

非语言声音是指那些没有具体含义，却可以传递信息，以达到交际目的的声音，也可称为功能性发声。发音器官可以发出声音，如感应叫声，在感觉到疼痛的时候，会发出“哎哟”的呻吟声；感觉寒冷时，一边跺脚、搓手，并发出“SISI”声；开心的时候，会发出“哇”的欢呼声；失望时，会发出“唉”的叹息声。除此之外，我们还可以模仿自然界的各种声音，比如狗叫声、猫叫声、鸡叫声、爆炸声、小河淌水的声音等都有相应的拟声词对应。人体内还可以发出各种声音，如咳嗽、清嗓子、打喷嚏等，在交际中，应适当地加以控制，避免出现冲突。

5. 类语言

（1）狭义类语言

狭义类语言是交际主体有意识地发出或接收，并据此做出反应的临时性非语言发音。狭义类语言包括发音器官发出的语言之外的所有无语义语用，只是临时用来交际的声音，如被交际主体主动发出或接收的连续性笑声、哭声、哈欠声、哈气声、咳嗽声、喷嚏声、闻嗅声、亲吻声、漱口声、干呕声、喘息声、呻吟声等。

发音器官是一种特殊的人体装置，用来发出能够表达某种意思的声音。语言就是人的发音装置发出的特殊声音，但是声音并非等同语言。通过发音器官产生的具体言语之外的、原本无语义语用的非语言声音也可以引发一系列言语交际行为。这种非语言声音自然而然发生时一般与人体的生理状况有关，因此具有突发性和临时性。人类具有高度的听觉敏感和强大的听觉想象能力，因此即使对方只是无意间发出无意义的声音，并无任何交际意图，但若听者有心接收，也会由此产生误解，形成听者有意的狭义类语言，进而引发一系列其他言语交际行为，对整个交际语境中的所有参与者产生影响。

因此，狭义类语言具有两个特点。第一，狭义类语言的出现是交际主体的“自觉行为”，通过交际者的有心发出或刻意理解，将发音器官发出的无语义、语用的声音用于交际，使之成为狭义类语言。第二，狭义类语言的功能是临时产生的，交际主体根据语境需要临时赋予该声音一定的语用功能，当交际结束，该语用功能消失；而发音器官发出的短促性笑声和“啧声”具有一定的约定俗成意义，如“啧啧”声可表示嘲讽、惋惜等，这也就是把它们排除出狭义类语言的原因。同时某些国家的口哨语由于已经形成系统的、固定的意义，如果不是在交际中被交际者刻意地临时运用，也不是狭义类语言。

（2）广义类语言

广义类语言是交际主体有意识地传递或接收，并因此引起言语行为的临时性非语言声音。广义类语言具有多种声源和发声方式，其外延除狭义类语言外，还包括人体其他器官声、动作声、借用人造物声、利用自然之声。

人们经常自觉不自觉地使用各种没有语义的声音来与他人沟通。口头表达是人类进行交流的方法，也是最基本最重要的方法。因此，关于传递和接收信息，在交际主体正常的面对面进行言语交际的情况下，大部分人的第一选择是言语；在言语功能被禁止或不被使用时，出于自然选择的惯性，首位被选择的仍然是人体的发音器官，然后才会由内向外，从人体发声器官向外层层扩展，寻找合适的声源和发声方式。顺位关系依次为人体发音器官—人体其他器官—动作—机器—自然界。通过人体其他器官发出声音；通过动作使得肢体与肢体、肢体与外物之间进行摩擦、碰撞产生声音；通过人类制造的各种具有发声装置的机器产生机械声音；通过利用或模拟自然界的声音，如利用风声、模拟动物的叫声等声音。但该顺位关系仅为基础性排列参考，实际上在复杂的言语活动中，多数情况下交际者并不以此顺位方式进行选择发音，而是根据语境需要选择最合适的方式，或者选择同时使用多种方式。

（三）副语言的功能

副语言的功能是由其行为和表达内容所决定的，在日常交际中副语言传递信息的方式相对言语来说更加含蓄委婉。其交际功能主要体现在补充语义、强调信息、代替言语、否定言语、表示调节、表达重复等方面。同时由于副语言的表达大多是在潜意识下完成的，所以具有较高的可信度。

1．补充语义

语言作为一种受系统制约的表意符号，在一定规范条件下，难以用单一的语言表达完整语义，所以，通常借助副语言行为进行补充说明。学习者知识储备较少，如果教师使用过难的词汇和句子会使学生无法及时有效地接收语言信息。反之，副语言行为则不会产生类似情况，易于学生接收解码语言信息。例如，讲解“拍”和“打”时，教师的副语言行为可以补充词汇含义，辅助课堂教学。

2．强调信息

说话者常常需要对话语中的某些重要信息进行突出描述或重点强调，以引起交际对象的重视和关注。在课堂教学中，教师不仅可以用语言强调教学重点，也可以用副语言行为强调教学重点并进行详细说明，如放慢语速、重音等。

3．代替言语

副语言行为能把一些言语不便表达或难以用言语表达的信息传达出来。在课堂教学中，教师常常使用表情、点头、手势等方式向学生发出指令信息。例如，学生回答问题时，教师微笑并点头表示对学生的回答比较满意；提问时，教师目光注视目标学生，右手掌心朝上抬起，表示希望目标学生起立回答问题。

4．否定言语

借助副语言发现隐含在语言信息下的其他意义。有时人们传递的真实信息，往往与言语所表达的意义相反，所以副语言行为可以辅助鉴别交际对象传递出的信息的真实度。例如，教师询问学生是否听懂，教师不仅可以通过学生的回答来判断，也可以通过表情、神态、眼神进行判断，避免学生隐瞒或撒谎。

5．表示调节

在交际时，交际者通常用手势、眼神、头部动作或者停顿暗示自己要讲话、已讲完，或不让人打断。

6．表达重复

副语言行为可以重复传递言语信息。例如，在课堂上，教师持肯定态度或表示认同时，会在点头的同时说“是”“好”“对”等。无论是语言还是动作，其传递的信息是一致的。

（四）副语言的理论基础

话轮转换理论是副语言的理论基础。美国语言学家萨克斯（Sacks）和他的团队历经三十多年，致力于对自然会话进行分析，从研究对象的话转转化方中探究口语会话的结构规则，并于 1974 年提出了话转转换理论。话轮转换理论认为人们的交际特点就是话转转换，交际双方在会话中的角色不断转换，即 A—B—A—B—A，话轮在说话人和通话人之间自然轮转，减少出现冷场的现象。副语言作为非语言交际行为的一种表现形式，不同于语言交际，具有自己的个性，并且带有文化烙印。

三、客体语

（一）客体语的界定

客体语包括人们的肤色、体貌、妆容、饰品、气味、个人用品等外在修饰。一个人的着装修饰等虽然不能决定一个人的成败，却是一种精神面貌、人格魅力的展现，会给自己的形象气质加分。例如，我们可以从一个人手上的戒指来判断他（她）目前的婚姻状况；我们也可以从一个人的穿着打扮来判断他（她）的职业。

（二）客体语的分类

1. 肤色与体貌特征

不同种族的人有不同的肤色、不同的体貌特征，这造就了最自然的人与人之间的亲疏关系。当然，同一种族的人肤色和体貌也存在差异。对于男性来说，可以从一个人强健的体魄、黝黑的皮肤推测出他热爱运动，身体健康，性格热情而主动；从身体瘦弱、皮肤偏白可以判断这个人不喜欢到户外与人接触，性格可能比较内向，胆子较小。对于女性来说，大多数欧美国家的人认为女性身材丰腴、长相标致是美丽的标准，而亚洲国家的普遍审美标准是身材匀称、唇红齿白、皮肤白皙。烈日炎炎时，在一些亚洲国家的街头，常常会看到一些人打着遮阳伞、带着遮阳帽，做好各种防晒的措施，目的是保持肌肤白净；而大部分欧美国家的女性则更愿意享受日光浴，认为小麦色的皮肤才是健康的，皮肤白与不白不会作为评判美丑的标准。

2. 气味

由于个体差异性，不同文化背景下的人对人体的气味会有不同的感受，因此，气味具有社会识别性。中国人崇尚自然，喜欢人体自身具有的气味，很少用香水；而在西方国家，男女老少都会特别注意对身体气味的修饰，习惯每天用香水来掩盖身体的自然气味。

（三）客体语的理论基础

TPO 原则是有关服饰礼仪的基本原则之一。TPO 原则是指着装要考虑时间“Time”、地点“Place”、场合“Occasion”。这个原则要求交际者在选择服饰、妆容等的时候要兼顾时间、地点和场合，以达到良好的交际效果。客体语可以展示说话者的身份职业和宗教文化，表现说话者的个性和对某人某事的态度。客体语对于个人形象的塑造、个人文化身份的建构具有重要作用。

四、环境语

（一）环境语的界定

环境语在交际中的作用相对于体态语、副语言和客体语来讲是含蓄低调、潜移默化的，其表现形式大多不容易被人注意，却能对交际者产生间接性的影响。了解环境语这一隐性教育因素，对于跨文化交际教学有着重要的作用。

跨文化交际领域的环境语既包括人们居住的自然社会环境，又包括所处的文化造成的生理和心理环境。环境语不像客体语与个体结合得那么紧密，个体只要存在，客体语就发挥着非语言交际的作用，而环境语不依托个体，其不易移动，独立性和持久性要更强。

（二）环境语的分类

1. 空间语言

空间观念也是后天习得的结果，不同文化的人都有自己所习惯的交际距离。从人际距离可以知晓交际双方关系的亲疏，显示社会地位。朋友、恋人之间交谈的距离与陌生人见面时的距离是不一样的，与上级交谈和与同级之间交谈的距离和位置也不同。房地产业销售的正是用钢筋混凝土区隔出的不同空间。空间环境还可以影响人的情绪以及人与人之间的交际，从而改变交际的效果。中国春运时在车站的拥挤和与家人团圆围坐在一起的感觉是截然不同的。空间的公开和私密也会给人心理造成不同的影响。在公共环境中，我们通常会修饰自己的言行，避免出糗，显得谨慎小心。而私密的环境会让人觉得比较有安全感，可以自由自在。但即使是居住在同一屋檐下的一家人，彼此也需要有隐私空间。

每一种生物体同外界环境之间的关系，除了生物自身的肉体界限外，还存在着一种非肉体的界限，这种非肉体的界限是生物体自身肉体界限的扩展，是客观存在的且大小难以界定。我们将生物体的肉体和非肉体界限称之为“有机体的领地”。占有领地就是生物体要求拥有自己的领地，并且对该领地范围加以捍卫和维护的行为。大至领土，小到个人空间都属于领地的范围。只是领土是有形的，而个人空间可以是有形的也可以是无形的。

中国幅员辽阔，人口众多，而英语国家大多地广人稀。地理环境和文化的差异使得英语国家的人更强调个人主义，而中国人强调集体主义。前者所需要的个人空间比后者大，而且当自己的空间受到侵犯时，常采取更积极主动的立场，因而他们也更注重保护隐私。

在面对面的交流中，空间的变化赋予了更多隐藏的信息。交谈双方的距离远近可以反映出交流内容的隐秘程度和重要性。当两个人之间的距离非常近，细声耳语时，交流的内容可能是个人隐私或不便公开的内容；当两个人之间的距离适中时，交流的内容可能是个人事务、工作汇报等；当交流的距离较远或者在对一群人说话，且音量比较高时，一定是在发表演说，内容在一定范围内是公开的、可传播的。

2. 时间语言

时间语言表现为人们对于时间概念的理解，即用时间作为传情达意的信息符号，例如过去、现在、将来等。荷兰社会心理学家吉尔特·霍夫斯泰德（Geert Hofstede）提出长期导向性时间与短期导向性时间的概念，从文化角度来看，短期导向更加关注过去和现在，要求此时此地、立见功效，而长期导向更加关注未来，注重节约、节俭和储备，做任何事都留有余地。

不同的文化背景影响人们形成了不同的时间观念，因而人们对时间的理解和即时反应也不同。时间语言在社会交往中可以弥补文化的不足，可以调节交际双方的差异，可以强调自身的价值观念。时间不受人的控制，可以更加真实有效地传递信息。我们可以通过和对方的约会，了解其是否有时间观念，如果约会迟到了，那么就意味着他的时间观念较弱，属于多时制人群，反之，则是单时制人群。

3. 建筑设计与装饰

中国人的建筑非常讲究朝向，房屋最好是坐北朝南，这样才能吸收更多的光线和热量。光线和热能充足才能让人精神饱满、充满活力。长期生活在阴暗的空间里，人的心情会变得抑郁和忧伤，性格难免会变得孤僻，缺少活力。中国大到皇宫、寺庙，小到民居，都遵从这一原则。中国的建筑以北为尊，主要的建筑和主人房间都建在北面。除此之外，无论是建筑本身还是建筑布局都讲究对称，中国人觉得和谐才能让人赏心悦目。这一点，英语国家的人倒是不太在意的，因而建筑造型各异，传达出不同的风格。在建筑装饰中，家具的摆放位置在中国人眼中也非常重要，经商的人会在进门显眼的位置供奉财神爷或者摆放招财猫，寓意招财进宝。

（三）环境语的理论基础

美国人类学家霍尔在《无声的语言》一书中对中产阶级人群进行了调查研究，根据人际交往时的交际距离，提出人际交往主要存在四种距离，即情侣家人之间的亲密距离，朋友之间的个人距离，日常交际和商业中的社会距离，讲课、演讲等非正式交往的公共距离。环境是一种潜在的文化特征，任何环境都含有一定的文化和交际功能。那么不同文化背景下的个体对于文化环境、领地观念、权力距离和体距会有不同的认识，进而从多方面、多层次地影响着交际。不同文化下的领域观念、权力距离和体距存在差异。领域观念是个人拥有独属于自己的领地区域并对其加以维护。中国属于高权力距离国家，受传统文化中等级观念的影响，会尊重和服从于地位高的人；英美等西方国家崇尚自由，讲求平等的社会关系，不愿意接受不平等的权力分配，所以英美是低权力距离国家。体距，顾名思义指的是人与人之间的身体距离，中国人崇尚集体主义，一般用较近的身体距离表示亲密；英美等西方国家的人，不喜欢用很近的身体距离来表达亲密程度。

第三节　非语言交际的功能

一、重复语言信息

非语言交际行为可以重复语言所表述的内容，例如，在课堂上学习声母 b，在教师向学生展示 b 的读音之后，在黑板上写字母 b，这种非语言交际行为起到了重复的作用。在这个重复的过程中不仅帮助学生记忆了声母的读音，也教会了学生书写声母。

二、代替语言信息

非语言交际行为早于语言交际出现在人类生活中，最初的人类在语言没有产生之前就用非语言交际行为传递信息和表达情感，直到后来语言系统逐渐完善之后，语言和非语言行为共同帮助人们交际，但在有些情况下，非语言行为可以替代语言进行交际。例如，在印尼汉语课堂上，教师组织学生进行小组交流，在交流结束时，用手示意停止这种非语言交际行为比用语言示意停止更容易被学生接收到。再例如，在汉语课堂中，教师讲课的时候，有学生不认真听讲，嬉戏聊天，教师忽然停顿，这种非语言行为就可以替代语言提醒学生遵守课堂纪律、认真听讲。

三、补充语言信息

非语言交际行为可以补充语言信息，以达到更好的交际效果。在汉语国际教育中，非语言交际行为可以补充语言信息，帮助学生更好地掌握重难点。例如，在汉语课堂上，教师在教授学生学习音调的时候，可以借助手臂摆动表示汉语的声调，这种非语言行为能够形象地帮助学生理解记忆汉语声调；教师在教授学生学习声母和韵母的时候，可以借助发音部位图帮助学生正确发音。

在教授一些抽象性词汇的时候，非语言交际行为的补充作用尤为重要，如教授“起立”“坐下”“向左转”“向右转”等这些词汇的时候，语言教学结合非语言行为完成这些动作可以达到更好的教学效果。

四、表达情感

在交际过程中，非语言交际行为会在一定程度上表达人们的内心情感。例如，在课堂上，教师的面部表情可以很好地表达感情，当教师脸上呈现温和、亲切的表情时，学生可以感受到教师对自己的关爱，当教师的面部表情忽然变得严肃时，会让那些没有认真听课的学生感到紧张害怕，从而集中注意力认真听课。眼神也可以表达感情，在上课过程中，教师与学生的眼神交流可以流露出喜爱、鼓励的感情，可以增强学生学习语言的信心和学习语言的兴趣。在上课过程中被教师点名回答问题的学生会不自觉地紧张、脸红，通过这些非语言行为我们可以知道这位学生的惶惶不安。有的学生上课迟到了，可能站在教室门口低头不语，这种非语言行为就可以表达出他内心的愧疚和不安。在上课过程中，有的学生听课途中抓耳挠腮，则可能表达出他对教师讲解的知识点难以理解，这时候教师就可以根据学生的反馈，适当地调节教学进度和教学方式。

第六章　跨文化交际面临的障碍与对策

中西方文化发展的大背景存在较大的差异，加之彼此之间在语言交流中存在一定的沟通障碍，这就造成了中西方跨文化交际障碍的产生。在中西方交流中，不同文化在价值取向、思维方式、社会规范、生活方式等方面存在着差异，造成了中西方跨文化交际障碍。因此，要减少跨文化交际障碍，必须增强交际者的跨文化意识，培养他们的跨文化交际能力，避免文化冲突。本章主要包括跨文化交际面临的障碍和跨文化交际障碍的解决路径两个部分。

第一节　跨文化交际面临的障碍

一、语言障碍

语言障碍指说不同语言的人或群体，在交际过程中遇到的困难，在旅游、科研、外交、商务等社会行为中，缺乏共同语言会导致这些行为进展不顺，所以语言是跨文化交际的基础。语言障碍的产生跟中西方文化的差异有很大的关系，中西方文化的不同必然会导致跨文化交际时缺乏共同的语言，从而造成语言障碍。语言与文化两者是相互交融、相互影响的。

语言是一个民族最显著的特点，是一个民族文化最重要的组成部分。首先，我们从文化的内在含义来看，文化包括物质文化和精神文化两个方面。语言作为人类与动物在进化过程中表现出的最大的差别，是人类创造的独有的文化。其次，语言与文化相同，都是人类在发展过程中向后辈传授的，是通过后天习得的，而不是通过遗传获得的。最后，语言作为文化的一部分，是整个民族，甚至整个人类社会的财富。所以，语言是一个民族所特有的表现形式，可以反映一个民族的文化，反映持有这种语言的人的思维模式、价值观念、风俗习惯、生活方式等特征。因此，语言不再单纯地是一种人们交流的工具，而是作为一个口头交流和书面交流的方式，表现着一个民族的特征，成为不同民族文化差异的界限，并且由于语言与文化的密切关系，语言的发展始终受到了文化的影响。在人们相互交流的过程中，东西方的语言受到文化的影响，会直接或间接地反映在语言的表达方式上。不同的语言观都是建立在本民族所独有的哲学、经济和宗教的基础之上的。作为一种东方语言的汉语，与西方语言观的差异，在一定程度上是受到东西方价值观、认识论的影响。虽然，在东方和西方的文化体系中，两种文化的古代哲学和宗教领域都把语言作为“行为”的范畴，都认为语言是“创造世界”或“做事情”的关键环节，但是由于东西方在地理上的距离，两方的哲学思想扎根在相距很远的地方，所以在表达上也存在着非常大的差异。在日常的语言交流过程中，语言行为的表达方式千差万别。受到这种情况的影响，东西方国家的人经常在日常语言交际中出现理解的不同和文化的碰撞。

我们常常会看到这样的场景，人们在交谈时会出现或多或少的问题。大家在谈论一件事情时，在不同文化背景的人来看，会出现完全不同的解读，如大家在聊天的过程中，可能会对一些关系比较好的不同性别的同学开玩笑，在用词的过程中，一些西方学生认为无伤大雅的词汇，可能会使在东方文化环境中成长的中国、韩国学生听后，误解为对自己人身的侮辱，会造成同学间的矛盾。由于文化差异导致的语言交际问题，除了在具体的语境下会出现外，还会在一些特定词汇的使用上出现这样的问题。在汉语中有很多俗语，是与中国特定的文化相关的，如汉语中有“夏练三伏，冬练三九”的说法，这句话主要表达的意思是夏天非常热的时候要锻炼，冬天很冷的时候也要锻炼。第一次听到这句话时，很多外国人不理解其中表达的“三伏”和“三九”的意思，不知道这是中国传统的节令，有的人会将这句话理解为“three fu”和“three nine”，所以很多外国人觉得这句话非常莫名其妙。只有在中国特定的文化背景下才会有像这样的一些词汇和语句，而来自不同文化背景的人是很不容易理解的。

另外，现在英语在全球非常流行，但是在一些词汇的理解上，不同国家的人还是会出现一些差异，时常闹出笑话，如有些中国人在用英语介绍自己“爱人”的时候，会说这是我的“lover”，遇到这样的情况以英语为母语的人就会觉得非常惊讶。因为在英语中“lover”指的是汉语中的“情人”，外国人会觉得中国人把这种非常隐私的问题拿出来讨论，很不容易理解。所以在遇到这样的情况时，大家会非常尴尬，这就是文化造成的交流障碍。

案例：一位来华的意大利女生夸奖她在中国关系非常好的朋友。

意大利人：你这小麦色挺好看呀。你晒黑了哦。

中国人：什么？哪黑了？脸吗？

意大利人：都黑了啊！我以为你去海边了呢。

中国人：海边？太阳太大了，我没有去。

意大利人：但是这个颜色很适合你啊。你看我晒的，不好看吗？（展示去爬山没擦防晒霜的胳膊）

中国人：别闹了，反正我要教你，不要和中国人说她们晒黑了。最好说，你变白了啊！

意大利人：啊，好的，我本来想夸你的。

中国人：这并不是夸奖。

案例分析例，对话双方有着不同的文化背景、审美偏好。意大利女生本意是想通过肤色夸奖中国女生健康，但却忽略了中国基于文化传统的审美取向，于是发生了语用偏误，使被夸奖的中国女生感觉到不自在。但由于两人关系好，信息接收者能够理解该语用偏误，而后向意大利女生说明了“以白为美”的中国式审美，“冰肌雪肤”“肤如凝脂”是中国甚至亚洲审美的硬标准；而西方审美中，并不是“以白为美”，而是更追求健康、日晒的肤色。因此该案例中的意大利女生才会夸中国女生小麦肤色，造成了语言障碍。

二、日常文化障碍

（一）饮食差异

1. 饮食观念的差异

说到中国，很多外国人马上就会联想到中国的美味，所以饮食在中国文化中可以说是一个代表。西方人刚刚到中国之后，大多会被种类众多的中国菜肴所吸引，都会感叹中国饮食的丰盛与丰富。

中国人请客一般比较重视吃饭的场所、布局、人数、菜肴的数量、酒水的品种，也就是人们所说的“排场”，所以中国人宴请客人时，一般以“大”以“多”来衡量宴请的诚意。在西方，人们一般比较重视菜肴的精致程度，对数量和场地没有特殊的要求，所以西方的宴会一般以比较经济实惠的自助餐为主，这样不仅节俭，还非常便捷。所以在中西两种文化的影响下，有时会出现这样的情况，不同文化背景的人在请客的时候，一方觉得“铺张浪费”，另一方却觉得“抠门”。

在就餐的过程中，由于中国传统的餐桌文化的要求，吃饭的时候，客人一般是不可以随便离开座位，更加不能来回走动的，而且座位位置次序也大有讲究。而在西方，由于比较重视自由，在吃饭的时候，自主性和随意性比较强，常常会出现四处走动的情况。

在东西方文化中，最能代表文化差异的是用餐的方式，包括韩餐、中餐在内的东方菜肴和西方菜肴在用餐方式上差别很大。在东方，人们受到传统文化的影响，很重视团结、热闹的用餐氛围，所以这两个国家的人在用餐的时候，常常会围坐在圆桌周围，桌上的菜肴也是大家来共同分享的，这就是人们常说的“共餐制”；而在西方的宴会中，大家虽然也会围坐在一起吃饭，但是在点菜和上菜的时候，都会选择分开，一般是一人一份，这样既能保证卫生，又能保证个人的口味，这样的用餐式叫作“分餐制”。从不同的用餐方式上也可以看出东西方文化的差异。

2. 饮食内容的差异

中西文化之间的差异最后体现在中西餐饮的饮食内容上，饮食的差异离不开特定的地域环境和传统的文化差异。我国是农业大国，农业发展对我国饮食文化具有重要的意义。从整体而言，由于中国农耕文化的流传，在主食方面，以谷类和豆制品为主，如米饭和面食；在副食方面，则以青菜为主、肉类为辅。由于中国人的体质问题，饮食都以熟食为主，且更加倾向于清淡的饮食。此外，由于中国的地域辽阔、民族文化深厚，因此，中国饮食的内容受地域、宗教、气候等因素的影响较大。从地域方面，中国幅员辽阔，不同的地区具有不同的饮食文化，不仅有八大菜系，还有热菜、凉菜、卤菜等的区分；从宗教方面，我国有 56 个不同民族，不同民族之间的文化也影响着中国饮食的发展，如满族在过年时主要吃饺子和“年饽饽”，北方的蒙古族主要以羊肉和各种奶制品为主等；从气候方面，由于中国的纬度跨度大，因此形成了各种特色的地区饮食文化，其中，亚热带地区更适合植物生长，因此多以蔬菜为食，且气候湿冷，南方地区注重辣的饮食文化，而北方地区的气候则更适合畜牧业的发展，因此多以肉类为食。而西方的农业大多是以畜牧业为主、农业为辅的混合型农牧结构，且西方的地理环境以环海为主，也使西方的航海业较为发达。西方气候较为严寒，因此人们需要强健的体魄和高蛋白的食品来抵御严寒，独特的地理环境和民族文化促使西方人没有主食和副食的区别，主要以肉制品和奶制品为主，较少食用蔬菜，喜好重口味、高蛋白等食物。

（二）社交差异

社交活动是指每个人进入社会以后必须学会的社会规则，每个国家的人都有属于自己的社交礼仪。第一次见面的人，在认识的时候相互打招呼的方式也不一样。在西方国家第一次见面时比较随意，往往是双方互相介绍一下姓名和称呼，简单地问候一下就可以，但是在中国，人们常常会互相伸出手，友好地握手。在握手的礼仪中，中国人握手不怎么讲究细节，西方人握手时就有一套比较烦琐的礼仪规则，如必须由年长的一辈或级别较高的一方先伸出手，如果女生没有握手表示的话，男方只能微笑鞠躬表示友好等。

（三）节日习俗差异

以德国为例，德国的传统节日主要是宗教性的节日，如德国南部的巴登－符腾堡州一年的12个法定节日中只有三个是非宗教性的节日，亦即政治性的国庆节、国际性的劳动节与新年。剩下的九个节日与宗教密切相关，有东方三博士、圣周五、复活节、耶稣升天、五旬节、基督圣体圣血节、诸圣节与圣诞节。德国宗教性节日的顺序以“教会年历”规定下来。教会年历分三个“节日期”，亦即圣诞期、复活期与常年期。三个节日期都有一个大主题，涉及人类最古老的一些问题。圣诞期的主题是“我来自哪里？”，复活期的主题是“我为什么要存在？”，常年期的主题是“我们去哪里？”。这些节日讲到死亡，但是同时给人希望：基督徒相信留在人世的时间只是生活的一部分，死亡不是人类真正的终结。身体死去以后，人的灵魂会升起到天堂。不管我们去哪里，最后一定会在上帝身边。

中国的传统节日大部分起源于祭祀与农事活动。中国早就是农业发达的国家。为了农民社会的生存，人们必须掌握一年复一年的天象、物象和气象的变化。因为人的生命取决于大自然，古代的中国人顺应了自然时间，追求天人合一这个概念。为了感谢大自然给人类的生命，大多数中国节日有祭祀活动。古代人没有我们现代人的科学基础，大自然中万事不懂，因此以为他们所看见的、感到的都是被神灵创造的。为了表达对自然与神灵的感恩，他们开始进行祭祀。后来，人类发明农耕以后习惯上了大自然的周期性变化，并把农事活动以自然的变化进行安排。这个时间安排变成了节日，而节日的活动与仪式包含各种各样的知识与智慧。因为农民强烈依靠前代传给他们的知识，氏族内的关系越来越密切，使神灵祭祀变成祖先祭祀。随着时间的推广，这些祭祀活动变成了我们今天所认识的传统节日。

与德国不同，中国的传统节日有比较强的世俗性。中国面积广大，是多民族的国家，因此有许多节日。不过，全国人民基本上都庆祝的法定节假日有七个，即元旦、春节、清明节、劳动节、端午节、中秋节与国庆节，其中春节、清明、端午与中秋被称为“汉族四大传统节日。”中国节日在不同的地方都有自己的特点，就像“十里不同风，百里不同俗”所陈述的。中国的传统节日很古老，有的早于圣诞节 2000 多年。因为历史悠久，节日当然会经过变化。秦代已经有很多传统节日的基础。汉朝的时候，节日的风俗产生了。两汉到魏晋南北朝之间，节日离别原始宗教，同时接近世俗的思想，特别是儒家。到了唐代，节日离别禁忌、辟邪的神秘气氛，开始具有娱乐性。隋唐是很多节日融合的时期，以前，节日在不同地方有不同的传说，如端午节本来有屈原、介子推与孝女曹娥三种说法；到了唐宋，基本上只剩下屈原说。中文的“节日”源于“节气”，显示出古代中国的农业色彩。古代的中国强烈依靠农业，因此农民早就意识到气候的变化，最终把一年以自然时序分成 24 个节气。在节气的基础上，中国的传统节日慢慢发展出来了。

（四）禁忌差异

文化禁忌是指在某个民族或宗教传统文化里禁忌的一些事物、行动或言语。每个民族的文化不同，所以在日常生活的过程中，都会有不一样的禁忌。自然界的生物是人类在自身以外，最先接触到的。动植物作为社会中的存在，在不同民族的文化当中具有自己独特的象征意义。有时候，在不同的文化中，同样的事物会表达出不同的感情色彩，甚至是完全相反的意义。由于不同的象征意义，有时候会出现因这类差异而在禁忌方面产生的冲突和误解。以动物来说，每个民族在自己的文化中，都有属于自己的动物图腾，不一样的动物表达不一样的意义，如猫头鹰，这种活动在夜晚的动物，因为长相丑陋恐怖、叫声难听，所以中国人叫它“夜猫子”，代表的是倒霉和晦气，会给人带来不好的事情。但是在西方，猫头鹰的含义完全不同，这种动物是智慧的象征。同样是在夜里活动的动物——蝙蝠，在中国的文化里，因为“蝠”字和“福”字的发音一样，所以中国人认为蝙蝠是吉祥、健康、幸福的象征，在中国的一些艺术品里，偶尔是与寿字连在一起出现来表示对长辈的祝福。而在西方文化中，蝙蝠通常会代表很多不好的、负面的内容，因为西方人认为蝙蝠是两面派、见风使舵的代名词。还有一个非常常见的动物——“狗”，在中国“狗”会有很多贬义意思的词出现，如“猪狗不如”“狗仗人势”都是一些有否定意义的词，在日常的对话中，说别人是狗往往会被人认为是骂人的话。但是在西方，狗却是忠诚、可爱的代名词，经常用“a lucky dog”形容幸运的人。

除了动物以外，还有一些禁忌差异，如红色，红色被中国人认为是幸福、吉祥的象征，在中国的节日——春节的时候，人们都会使用红色，如春联、长辈们给的压岁钱红包、灯笼等都是红色的。在中国的婚礼中能看见满眼的红色，新人的服装、酒店的装饰、房间的装修都离不开红色。而“red”在西方的文化中代表的不是吉祥之意，与中国的积极意义完全相反，因为在西方的圣经中，有对“红色的恶龙”的描述，人们认为红色的恶龙会带来灾难，所以红色在西方文化中属于恶魔的代表颜色。西方人认为红色是血腥暴力的象征。黄色也是日常生活中常常见到的颜色。在中国，由于中国古代的皇帝常常使用黄色，人们认为黄色是富贵的象征，但是，在一些西方文化中，如俄罗斯人认为黄色是不忠诚的象征。由于每个民族都有自己的喜好，所以每一个国家或民族都有自己的禁忌文化，在东西方不同文化背景下，这种禁忌文化差异比较大，在日常的交往中常常会因此造成一些交际失误，如在送礼物的时候，如果不了解对方文化，常常会出现送错礼物的情况。

（五）婚俗差异

我国传统婚礼繁文缛节颇多，但大都遵循《礼记》中规定的结婚程序，即“六礼”。“六礼”包括纳采、问名、纳吉、纳征、请期、亲迎。“纳采”是男方聘请媒人到女方家说亲，并向女方送礼，即现在中国人常说的“提亲”。“问名”是男方派人送信给女方，求问女方的名字及出生年月，女方看信后给予回信告知。“纳吉”是问名之后家中长辈将男女双方的生辰八字通过巫师卜卦，卜得吉利双方欢喜，卜得凶兆双方就有可能告吹，这就是现在的“合八字”。“纳征”是占卜吉利后，男方给女方家正式下聘礼，如果女方家接受男方的礼物，这门亲事就算基本上定了。“请期”即“择日”就是由巫师选择，然后男女双方共同商议选择一个吉利的日子作为嫁娶日。“亲迎”即现在所说的“迎亲”，就是新郎奉父母之命亲自到女方家迎娶女方。婚礼当日，女方五更时分就要起床梳妆，由三位家族中子女双全的女性长辈为女子梳理妆容，俗称“开脸”“上头”。男方要在早晨十点左右到女方家迎娶新娘，然后黄昏的时候在男方家举行热闹的结婚仪式，简单地说，就是一拜天地，二拜高堂，然后夫妻对拜，最后送入洞房。

与中国传统婚礼的结婚程序相比，美国婚礼的结婚程序要简单一些。当男女双方陷入爱河，并决定结婚时，他们会直接告知彼此的父母，然后双方家庭约见，如果觉得男女双方合适，就可以先订婚。但订婚仪式通常在女方家举行，由女方安排宴会。订婚后，男女双方会先试着相处一段日子，如果双方都觉得合适，就可以开始筹办正式的婚礼，婚礼一般在教堂举行。婚礼前，教会则连续三个星期天在教区内发布公告，只有大家都没有异议，男女双方才可以结婚。在结婚典礼上，新郎要提前站在圣坛前等候新娘，新娘稍后会在其父亲的陪同下，挽着父亲的右臂，伴随着《结婚进行曲》缓缓走向圣坛。之后，牧师会把新娘的手放在新郎的手里，让双方吟诵结婚誓言。吟诵结婚誓言之后，新郎要口诵“以圣父、圣子、圣灵的名义”将结婚戒指戴在新娘左手无名指，至此，整个婚礼仪式就结束了。

三、教育和价值观障碍

（一）价值观差异

“传统的价值观念是文化的核心”，组成一个民族的精神文化的核心就体现在不同的价值观之上，其中包含了人生观、世界观、宗教信仰、社会认知等方面。人类的思维方式和交往规则一般都受到价值观的影响，所以不同的价值观念体系存在于特定的社会体系中，每个不同社会体系中的社会成员在不知不觉中接受了这样的价值准则，在日常生活中，就会通过很多方面不自觉地表现出来。

在中西文化中有一个非常显著的特点，就是对“个体”和“整体”的不同看法。西方人非常重视个人隐私，认为个人的利益高于一切，所以一般在谈话中不会涉及个人隐私的问题。但是很多中国人在亲密关系中，表现出没有隐私、不分你我。在和其他人交往的时候，中国人会主动分享自己的私人情况，喜欢打听他人的个人情况，中国人认为这是表达亲密的一种交际手段，但是西方人会觉得“多管闲事”“过于关心”，对于这种行为十分反感。“老吾老以及人之老，幼吾幼以及人之幼”是中国的一句俗语，从这句话中就可以了解到，中国人非常重视礼仪，非常重视辈分关系。所以，在中国的人都会被教育“尊老爱幼”常常可以看到年轻人给老人让座的事情，而在西方的一些国家重视个体个性发展，主张人人平等，老人认为如果给自己让座就是对自己的轻视。像这样的生活细节都是由不同文化下的价值观造成的。除了精神和思想以外，文化当中还有另一个重要方面，就是表现在日常生活中的风俗习惯，东方和西方国家的历史发展过程不尽相同，因此在历史发展过程中形成了各自独有的社会生活方面的文化，其中不仅包括物质方面的饮食、衣着、住宅等，还包括社交当中的一些习俗。

（二）教育理念差异

不同的历史文化、不同的社会背景造成了东西方教育方面的差异，在教育观念、教育方式、教育制度等很多方面都存在着巨大的差异。

第一，群体教育与个体教育是东西方文化的差异之一。中华传统文化中的中庸之道，一直是整个社会遵守的社会规则。在这种规则的影响之下，人们往往强调事物的一致性和统一性，所以，在中国文化中会强调集体荣誉、团队文化。在传统文化的影响下，对学生的培养虽然具有一定的积极意义，但是在个性差异的培养方面却做得不够，忽视了人的个性和主动性。但是在西方文化中，一直宣传的是“以人为本”，重视个人本位，注重个人的隐私、特性、尊严、人格。在西方教育中，致力于对学生个体的培养，重视个性和独创性的基本人格追求。

第二，教育内容的持久性和教育的个性是东西方文化在教育理念上的又一个差异。中国教育重持久稳定，西方教育重变革创新。中国教育一直将基础知识作为培养的重点，所以出现了中国学生在小学阶段知识掌握得非常好的情况，但是由于对个性培养得不够，在学生升入高年级以后，发散思维和创新思维的能力明显不足。而西方文化对特立独行、标新立异这类具有冒险和独创精神的追求，使得在西方教育中常常求新求变。

（三）教育方式差异

受到教育理念差异的影响，在东西方教育文化中，教育方式也常常会表现出不一样的一面。我国的传统教育文化注重调和人与社会关系的思想，也一直支配着教育的实施，它造就了“重人伦”及“学而优则仕”的教育传统；西方教育传统以注重人的发展和人能力的培养为特征。所以在很多具体做法方面，也就是教育方式上，这两种文化也是不太相同的。教育方式的差异主要体现在以下两个方面。

第一，在孩子性格培养方面。西方家长在教育孩子的过程中，更加喜欢将孩子自主动手的能力放到教育的首位，不会过多地干涉孩子，会让孩子自我反省；允许孩子犯错，孩子如果能做到，就让孩子完全自己做。在西方，有很多家长会让刚学会走路的孩子自己行走，完全不给予帮助，这就是在培养孩子的独立能力。在中国，比较不重视孩子独立个性的培养，家长喜欢给孩子提出很多要求，“包办”孩子的一些事物，如中国家长在领孩子出去玩的时候，会干涉孩子去玩一些比较危险的活动，担心孩子出现意外。

第二，创造性教育。西方家长追求孩子的可行培养，因此鼓励孩子创新，所以对孩子学习并不做出更多的要求，认为孩子可以自由发挥想象力；而中国文化要求中庸，所以家长对孩子的要求往往满足于统一、标准的答案，不希望孩子出现与其他人不相同的回答，所以常常教导孩子追求标准答案。

第二节　跨文化交际障碍的解决路径

有学者提出，要想成功克服跨文化交际中的诸多障碍，就必须做到“跨越”和“超越”。“跨越”是指对于目标文化知识以及交际能力的获取，将立场、情感、行为模式从本族文化传递到目标文化。“跨越”是最直接、最基本的交际能力，而“超越”则是深层次的交际能力。事实上“跨越”比较容易达到，因为人们可以从多方面了解本族文化和其他文化；而“超越”需要付出很大努力才能做到。

要想实现“跨越”与“超越”：首先，人们必须摒弃文化差异或文化定式的束缚；其次，要开放、灵活、有效地与他人进行交际；最后，要建设性地构建自我认同。由于人们在跨文化交际中存在潜在的障碍（包括习惯回避不熟悉的人或事物、有意降低不确定性、交际目的的多样性、心理定式与偏见、文化冲击和民族中心主义等），所以我们在交际中还要了解自己，思考自己的行为是否伤害了对方，寻找自己与对方共同的特点，对文化差异保持足够的宽容，考虑物理和人文环境，培养移情能力。

一、培养学习者的跨文化交际能力

（一）全面提高交际能力

对照跨文化交际能力的这一维度，应从语言能力、社会语言能力、语篇能力、策略能力等方面进行落实。因此，要想提升跨文化交际能力，首先要全面提高学习者的交际能力。

第一，语言能力。跨文化交际者的双方只有打通了语言壁垒，才是迈出了接触、认识、了解不同文化及其成员的第一步，才可能在后续的跨文化交际中逐步加深合作，进而培养跨文化交际能力。语言是交流的媒介，而外语则是理解另一种文化的窗口。因此，留学生首先要熟练掌握一门或多种外语，熟悉正在学习的外语语言体系。学生在学习过程要善于用目的语思维进行思考，在学习外语的过程中，逐步了解外国的文化，加深对他国国情、民族性格和风俗习惯的理解。学生在国内的外语学习比较欠缺的是语言环境，但可以充分利用互联网资源，努力克服这种不利因素，从听、说、读、写等各个方面来提高自己的外语水平。学生只有坚持将学习外语落实到实际行动上，不断提高自身的外语水平，才能实现跨文化交际能力提升。

第二，社会语言能力。要和同学们多交流，积极学习，形成在受到语言使用错误、注意力转移、记忆限制和外界干扰等因素的影响时还能自由交谈的能力。要充分认识到不同语言的社会语境也存在差距，如社会情境的不同、交际规则的差异、语言功能和情境的不同等，会出现语言迁移的情况。

第三，语篇能力。语篇能力的培养，要突破传统的以句子为本的理念，要以语篇为基本的学习单位，从整理理解入手去分析句与句之间、语段与语段之间的联系，把握语篇各部分之间的联系。

第四，策略能力。学生在交际遇到困难时利用交际策略能力弥补语言资源的不足，在交际实践中拓展自己的策略能力，并在平时能够积极通过报纸杂志、电视新闻、原版电影等多种媒介，多渠道了解不同的文化，在潜移默化的影响下提高运用跨文化交际策略的能力。

（二）持续提升跨文化能力

跨文化能力对应的是知识、态度、文化和技能层面，要始终把跨文化交际能力相对应的跨文化能力放在重要位置，因此，提升跨文化交际能力的策略应强调持续提升学生的跨文化能力。

第一，跨文化知识。培养提高学生在跨文化知识方面的学习效果，多学习不同文化知识与跨文化交际理论，还应该在课下通过大量阅读有关跨文化交际的书籍和出版物来获取。学生也可以通过互联网接触到大量的文化知识，可以通过互联网阅读电子书、电子杂志和电子报纸，有很多报纸和杂志提到的文化知识并非在通常教科书或者课上能学到的，可以弥补课堂学习跨文化知识的不足。

第二，跨文化态度。学生应摒弃自身民族的优越感，不以自己国家的习惯和标准去看待其他文化，而要采用个案分析、情景模拟体验、辩论、访问、问卷调查等方法，积极地理解异域文化。在跨文化交流中，要做到宽容、坦诚、设身处地地为对方考虑，这样才能产生感情上的共鸣。

第三，跨文化意识。广泛学习不同文化的差异，增强对不同文化差异的理解，消除固有的偏见，不用本国的价值观念去评价其他文化，要认识到世界的多样性和文化差异，如在学习中学会如何应对跨文化交际的矛盾，如何降低交际过程中的消极情感对跨文化交际的影响。同时，学生们也必须认识到，自己作为中国人，要认同中国优秀的传统文化，树立中华文化自信心，努力提升自身的文化涵养，并善于通过跨文化交流来传播中华民族的优秀文化。

第四，跨文化技能。学生要积极形成应对出现的跨文化交际问题的解决能力，逐步提升自身跨文化技能。这种能力可以在学习期间，通过教师的课堂教学讲解、跨文化案例分析以及跨文化交流活动等多种形式来获得。学生要努力培养自己适应不同文化、接受差异的能力，要增强交际自信和适应新的环境的能力，在遇到困难时，主动向老师、同学或者互联网求助，不要刻意忽视和回避，以免跨文化技能得不到发展。

（三）开展跨文化交际能力测评

跨文化交际能力的测试与评估是学生了解跨文化交际能力水平的重要手段和途径，值得学生高度重视。为充分了解自身跨文化交际能力的水平，每一位学生都应主动参加测试，对自身跨文化交际能力的总体情况和各项子能力进行量化分析。通过测试，可以让学生清楚地知道自己跨文化交际能力现状，了解自己的跨文化交际的真实水平，找到不足之处加以改正，让自己的跨文化交际能力达到较高水平。在评测后，也可以更好地检验高校教师的教学效果，改善学生的学习方式，提升高校跨文化交际课程的教学品质。因此，要选择合适的跨文化交际能力量表进行测量，借助测量的实证调查数据的帮助，有效预测学生的跨文化交际能力水平。

（四）培养移情能力

1. 尊重文化差异

文化差异突出地表现为价值观的差异。每一种文化价值判断的标准，在其文化体系内都有其存在的合理性，具有独特性。任何一种价值标准既不比其他标准优越，也不比其他标准落后，因此，必须提高对异族、异地文化的敏感性和包容精神，学会尊重文化差异。我们应该在尊重的基础上，充分发掘不同文化间的差异。

按照美国人类学家霍尔的观点，文化可以分为三个范畴，即正式规范、非正式规范和技术规范。正式规范是人的基本价值观，是判断是非的标准，能抵抗来自外部的企图，改变它的强制力量。因此，正式规范引起的摩擦往往不易改变。非正式规范是人们的生活习惯和风俗等，引起的文化摩擦可以通过较长时间的文化交流来克服。技术规范可以通过人们技术知识的学习而获得，很容易改变。由此可见，不同规范的文化所造成的文化差异和文化摩擦的程度和类型是不同的，只有先识别文化差异，才能采取针对性的措施。

2. 克服文化偏见

跨文化交际中经常会出现民族中心主义和部落主义等文化偏见，这也是影响不同文化沟通的无形心理障碍。偏见不是一般性的错误看法，它对使其改正的证据总是固执地抵抗，是僵化、不可逆转、不可改正的态度。它基于错误的判断，或先入之见，是对别的群体或个人采取的否定的态度，这是一种不健康、不合理的心态。世界上所有的人都是时间和空间的产物，都自觉或不自觉地经历了促使民族中心主义心态发展的社会过程。人们在特定的生活范围和文化场景中，形成了带有本民族特色的价值准则，形成了本民族判断善恶是非的标准，对民族文化具有一种天然的好感和自恋心理，容易对异民族的历史文化传统、风俗习惯、宗教信仰、审美情趣和民族心理等方面产生陌生感，再加上各民族之间在政治、经济、文化诸方面存在的利害冲突，使这种陌生感进一步上升为民族偏见，严重妨碍跨文化交际中的双向沟通。因此，在跨文化交际中，应该将不同民族的文化都看作人类文化系统中不可缺少的重要组成部分，以一种平等的眼光加以比较，既要“知己”（即对个人感觉的自我认识），又要“知彼”（即了解他文化，发展文化认同）。只有先理解自己的文化，理解自己的文化模式，包括其优缺点的演变，才能促进文化关联态度的形成，使我们在跨文化交往中能够获得识别自己和他文化之间存在的文化上的类同和差异的参照系统，理解他文化中的人是怎样感知自己的。这样一来，我们就能够更好地理解他人的反应，在从一种沟通情境转入另一种沟通情境时对沟通方式做出合适的调整。

3. 在融入中寻求超越

跨文化交流涉及来自不同文化背景、有不同期待的交际双方，要想使交际顺利进行，就要互相融入对方的文化。需要注意的是，在融入对方的文化时，要对他文化采取一种较为超然的立场，而不是盲目地落到另一种文化的俗套中，或是强求一种文化服从于另一种文化。在交流中，交际双方要超越自我，既不固执于自己的文化，也不盲从于他文化，而是在融入中寻找超越，结合他文化完善自己的文化，使自己的文化更容易为另一种文化所理解和接受。因此，跨文化交际应以主体与客体的友好合作为基础，达到文化移情的最高境界。

长久以来中国文化中“自我”概念的形成主要来自他人对自己的外在评估。与人交往更看重得到他人的认可和肯定，这会让他觉得很“体面”，反之，则会让人觉得“丢脸”，这就是“面子理论”。而相对于中国人，西方人则比较“自我”，他们并不在意他人的看法。和中国人相比，西方人更加重视独立自主，日常生活中更加注重个人利益及自我价值的实现，因此他们不但没有“面子理论”，更不会在意和评价他人的行为。中美两国巨大的文化差异必然会影响出国访学留学生的跨文化适应过程，从而增加访学研究生的焦虑感。学生在适应初期由于害怕自己在和西方人的交往中“丢面儿”，在人际交往时，会无意识地表现出焦虑和不确定性，因此在行动上也格外谨慎。他们可能会选择避免交往来规避错误的发生。

因此，学生不能关注自己怎样“不丢面”，而是应该更多地去了解西方的文化，减少在跨文化交际时的焦虑与不确定性。通过对本国和东道国的文化价值观进行调节平衡，避免产生不愉快的交往经历而影响到他们的自我定位。敢于突破舒适圈，主动寻求新鲜感。对于出国访学的学生来说，积极融入当地的社会，体验当地的风土人情是了解西方文化和尽快适应国外生活的途径之一。在国外多去尝试不同的事情，培养新的兴趣爱好，这些能够建立起跨文化适应者积极的心态和勇敢的心境，缩短文化适应的周期。尝试新事物就意味着要接受新的文化和环境，跳出固有的社交圈，这对跨文化适应者而言是对自己的一次自我定位。了解真正的文化适应，不是单向的文化适应，而应该是双向的文化整合。在国外建立起不同于国内的社会支持网络，提高内在适应能力，习惯访学对象国的文化风俗和礼节。当跨文化适应者面临一个新的文化环境，为了尽快有效地适应文化最重要的一点就是要尽快熟悉当地的习俗和礼节，知道如何正确待人接物。根据学习观察理论，在国外学习的学生最常用的适应方法是观察本地人的所作所为，如观察和学习西方人的饮食习惯、与人交往的方式等。跨文化接触者在当地观察得越仔细，那么他在跨文化适应中所遭遇的难题就越少。另外，努力同当地人进行深度的沟通交流在一定程度上能减少跨文化个体在新文化场域的陌生和无奈。

二、提高教师教学的综合能力

（一）培养学生跨文化交际意识

首先，跨文化交际意识是由文化意识转变而来的，如果学生缺失跨文化意识，那么在交际时，就会产生跨文化交际障碍。各国之间存在着文化差异，国内的教学与国外的教学侧重点也有着明显的不同，如西方国家比较突出个人主义，教师也都注重学生的个性化发展，强调个人的修为，极少考虑到他人的主观感受；而中国学生则相反，注重他人的感受和集体的利益，这是集体主义的体现。加强在教学中渗透跨文化交际意识，有助于提升留学生的认识，也有助于教师更好地掌握课堂。

其次，教师是对外汉语教学中的主要领导核心，教师的跨文化交际意识的强弱间接影响着留学生跨文化交际能力水平的高低。因此，教师在教学过程之中，要注重加强对留学生跨文化交际意识的培养，这要求对外汉语教师自身首先拥有一定的跨文化交际意识，并通过教材以及文本内容的知识点来渗透跨文化交际意识的思想。教师可以把这种跨文化交际意识当成是一种教学手段，一种传播途径去培养留学生的跨文化交际能力。对外汉语教师不但承担着传播文化知识的责任，还需要时刻帮助留学生培养跨文化交际意识，提高留学生的跨文化交际能力水平。

（二）积极探索各种不同的教学方式

教师应积极探索各种不同的教学方式，能够更好地丰富学生的跨文化交际能力，加强对学生跨文化交际能力的培养。在跨文化交际的课堂上，应采用多种形式的多媒体，通过 PPT、视频、音频和互动表演等多种形式的教学，使其优势互补，增强教学的辅助手段，使课堂的教学质量得到不断的提升，进而促进学生的跨文化交流。在高校汉语国际教育硕士研究生的跨文化交际的课堂中，运用信息技术和现代信息技术与传统课堂密切结合，实现教学质量的提升。在教学过程中，要更加突出学生的主体性，采取灵活多变的教学方法和手段。对于跨文化交际课程的教学改革上的路径选择，应构建跨文化交际课程的教师主导地位，上课之前要让教师将其对跨文化交际的最新理念和实践的发展放在课程中，上课时要注重在跨文化交际课程中设置实践教学的环节，上课后积极反思得与失，在能够拓展学生的跨文化交际能力上下足功夫。在学生的跨文化交际能力提升的过程中，教师要引导学生掌握跨文化交际领域内的最新研究成果，不仅要培养学生发现问题、解决问题的能力，还要培养学生对跨文化交际领域的科研意识，以及跨文化交际领域的科研和实践能力。

（三）专题化教学改革

以专题化教学改革促进跨文化交际课程从教材体系向教学体系转化。跨文化交际课程教学专题化教学的改革并不是撇开教材另搞一套，而是要以跨文化交际课程的教材体系为基础，从跨文化交际课程以课程需要培养学生形成的能力角度出发，通过对教材和课程的学习，把握教材中的重点和难点，使学生能更好地理解跨文化交际中的热点、难点问题。在现有的跨文化交流教材的基础上，拓宽教学领域，挖掘深度，突破传统教学模式的束缚，重新整合跨文化交际课堂的教学内容，使跨文化交际教学从教材向教学体系转化。这种转变重点既突出了跨文化交际教材中的核心内容，又拓展和深化了教材中没有涉及的相关跨文化知识，同时也保留了教材中的精华部分，在跨文化交际的教学中增加了新的内容，使其更好地服务于高校的跨文化交际课程，以达到提高课堂教学质量、增强学生跨文化交际能力的目的。

以专题化教学改革促进跨文化交际课程教师从面面俱到向专精深新的转化。高校跨文化交际课程的内容涵盖面广、信息量大、知识跨度也很大，涉及对外的政治、经济、文化、社会、法律、外交等多门学科乃至国际社会生活的各个方面，授课教师也不可能全部精通各方面的知识。跨文化交际课程的专题化教学改革，可以把课程中涉及的专题由本专业不同的授课教师选择自己擅长的领域来集体授课。术业有专攻，让每位教师发挥自己的专长，充分发挥自己专业优势，在各自研究的领域进行深入思考。

以跨文化交际专题化的模块为向导，促进学生对某这一专题领域内的问题进行深入研究，可以先从理论入手，然后再落实到实践，再从理论和实践两个方面同时进行深入拓展。这样跨文化交际课程专题化，既可以有效整合跨文化交际原有教材的相关内容，又可以不断更新教材中所没有而又需要与时俱进的内容。以这种方式坚持下来，不但可以大大激发教师的积极性和创造性，增强教师在课堂教学中的自信和底气，更能使学生受到不同教师的学术背景和思维方式的训练和熏陶。而不同风格和专题的老师在给学生的轮番授课中，还可以给学生眼前一亮、耳目一新的全新感受，这也会大大增强学生跨文化交际课程的学习兴趣和学习效果。

（四）能力发展性评价和培养

要想转变跨文化交际课程的教学模式，必须培养学生的自主性。要想让每一个学生都能够不断地获得跨文化交际新知识，适应不断发展的信息化社会的要求，必须以学生的跨文化交际技能发展为宗旨，因为学生跨文化交际能力的发展是一个动态的过程。因此教师在教学中，要注重学生落实发展性评价，探索高校跨文化交际能力的评价机制，这有利于授课教师从多角度去审视学生的跨文化交际能力发展。准确地评价学生的跨文化交际能力水平，可以让学生认识自我、发展自我、表现自我。因此，在跨文化交际课程的教学中，应注重对学生进行跨文化交际能力的评估，培养其自主学习的能力，使其形成独立的学习和思考的习惯。在教学过程中，应营造崇尚真知、追求真理的良好氛围，为培养学生的跨文化交际能力和潜力创造一个宽松的学习环境。在跨文化交际能力培养上，不断建立与现实相适应的跨文化交际能力评价体系，明确评价指标，注重在教学过程中对学生进行实践性、发展性评价。

（五）加强跨文化交际案例教学

跨文化交际案例教学是以跨文化交际的个案为基础，将学习者带入案例中的教学环境，透过教师与学生的互动、平等对话与主动探究，以提升学生在复杂环境下的决策与行为能力。然而，在跨文化交流中，个案教学却是一项具有现实意义的教学活动。通过案例教学，可以改变传统的教学方式，由知识的学习转变为个案的分析和评估，让学生能够自主地获取所需的知识。

在跨文化交际过程中，学生是主要的学习对象，而教师仅仅是引导者、组织者和批评者。教师以其特有的典型事例，使学生在个案的学习过程中阅读、思考、分析、讨论，建立一套完整的、严谨的逻辑思考方法，从而提高跨文化交际的能力。另外，针对汉语国际教育专业的学生而言，还应该在跨文化交际课程中注重对外汉语课堂中发生的跨文化案例。对外汉语课堂中的跨文化交际案例可以让学生提前感受不同文化氛围的汉语课堂，增强学生的跨文化意识，多了解不同国家的背景，分析不同阶段学生的认知。对外汉语课堂中的跨文化交际应该具有典型性、综合性和适用性，这使学生能够更多地了解案例所蕴含不同文化中的价值观念，发现在不同国家、不同文化的教学中找到跨文化交际和学生的汉语学习的认知规律，帮助自己更好地掌握汉语教学。

三、完善学校基础设施和体制建设

（一）聚焦互动动态，关注身心变化

高校应当建立健全学校有关跨文化学生心理健康的教育体系，关注学生在课堂中学习的心理状态。首先，要聚焦学生的互动动态，对不同动态展现的个体形象进行原因分析和持续关注，围绕学生在跨文化认知、跨文化技能和跨文化情感多个方面的发展去关注其跨文化互动角色的形成和心理层面的融入情况。同时，这种聚焦是形成性的，随着学生互动层次的变化而变化，跟随其成长而转变重点。其次，针对学生的人数，要配备若干具备跨文化素养的心理辅导教师。同时加强对学生的管理，加强对行政相关人员跨文化交际能力的培育，提高学生获得帮助的效率。最后，推广跨文化的心理健康教育课程。通过举办学生跨文化融入的心理相关讲座等活动，帮助学生掌握基本的跨文化心理适应知识，并给予其求助的路径，如心理健康热线。

（二）重视跨文化交际师资建设

高校应根据专业特点和未来发展，根据学生的人才培养方案，重视跨文化交际课程授课教师的专业素质能力。一是教师要有深厚的学识，有系统的跨文化交际理论和实践知识，具有良好的知识结构，熟悉不同文化间的理论与教学规则；二是授课教师要有驻外经验，并有着丰富的跨文化交际实践经验；三是授课教师要树立全新的教育理念，拥有开拓进取的意识和勇于创新的精神，积极引导学生对新时代跨文化交际人才素质的思考；四是教师要让学生在校学习阶段明确方向，视野开阔，从专业的实际出发，更好地提高自身交际能力和跨文化能力，以便学生更加出色地完成学业。

（三）建构跨文化交际能力测量体系

建设和完善跨文化交际能力测量体系，对学校的跨文化交际课程教学有着重要的意义。要加强对学生进行跨文化交际能力的研究和培养，一方面，对培养学生的跨文化交际能力有着重要意义，另一方面，可以评价高校跨文化交际课程的教学和学习效果，既是对学生学习成果的检验，又是对教学效果的反馈。各高校汉语国际教育专业的教师应积极参加对跨文化交际概念的分析，对跨文化交际能

力的构成进行归纳总结，制定一套用以测量高校汉语国教育专业学生的跨文化交际能力构成的调查问卷。在制定学生跨文化交际能力测评的过程中，要明确试卷结构和题目考察的能力，并针对跨文化交际试卷的质量进行分析，提高问卷信效度，组织学生参与跨文化交际能力测试，根据学生跨文化交际能力的得分情况，从教师的跨文化交际课程和跨文化交际的专业角度出发，提出一些有针对性的意见，促进教学的进步和跨文化交际能力测量体系建设。

（四）加强跨文化交际案例库建设

高校要充分发挥自身优势，面向中亚，走向世界，服务于国家“一带一路”倡议的部署。在加强与中亚等国家的语言合作交流上，高校培养了大量的人才，积累了丰富的理论和实践经验。高校在专业发展方面，要重视跨文化交际案例库的建设，并为跨文化交际案例库的建设提供了人才储备和财政支持。高校的跨文化交际案例库的建设，应结合国内其他院校经验，以高校与中亚国家的孔子学院为切入点，将在国外工作的公派教师、志愿者教师等遇见的比较新鲜而具有典型意义的案例进行整理，按照不同角度、不同特点纳入案例库的建设进而汇总。因此，高校的驻外公派教师或者志愿者教师，要积极响应高校相关学院跨文化交际案例库的建设。在建设跨文化交际案例库的过程中，案例的选择应源于教学或生活实践，不带个人倾向的意见或观念，只对跨文化交际的真实情境进行客观描述。这种跨文化案例的客观描述，既可以是在国外工作中有意识搜集而来的案例，也可以是教师在汉语教学的闲暇之余自行撰写的，或者是记录发生在自己身边的跨文化交际案例。

高校跨文化交流案例库的构建要注意跨语种科、跨学科的构建，动员国内外多方面专业力量广泛参与，招纳外部专业人才，构建校内团队，形成国内外、校内外的合力，确保案例库高质量的推进和运行。积极倡导校企合作，搭建案例库建设的协同创新平台，实现高校与国内外其他高校的跨文化交际案例库信息共享，探索出一条促进高校汉语国教育专业产学研共同发展之路。通过国内外丰富的跨文化交际案例库的建设，发挥案例库在教学、服务社会、服务国家发展等方面的赋能作用，在跨文化交际智库研究和人才培养等方面做出贡献。

第七章　跨文化交际视角下的人际交往

在跨文化交际的过程中如何对待文化差异和文化冲突是跨文化交往的核心议题之所在。唯有正确看待和处理文化差异，才能为跨文化人际沟通的顺利开展保驾护航。本章从跨文化交际视角下的人际关系、交往习俗、公共礼仪和商务礼仪四个方面阐述了跨文化交际视角下的人际交往。

第一节　跨文化交际视角下的人际关系

一、人际关系的概念

人际关系是指人与人之间的关系。从社会心理学方面解释，人际关系是指人与人之间，在一段过程中，彼此借由思想、感情、行为所表现的吸引、抗拒、合作、竞争、领导、服从等互动之关系，包括社会中所有人与人之间的关系，以及人与人之间关系的所有方面，是在社会实践中个体为了满足自身的发展及生存的需要，通过一定的交往媒介与他人建立及发展起来的、以心理关系为主的一种显在的社会关系。人际关系包括三种成分：认识成分（指相互认识、相互了解），动作成分（指交往动作）和情感成分（指积极情绪或消极情绪、爱或恨、满意或不满意）。其中情感成分是核心成分。人际关系反映了交往双方需要的满足程度。若交往双方能互相满足对方的需要时，就容易结成亲密的人际关系；反之，则容易造成人际排斥。所以人际关系的亲密度，决定了形成怎样的人际关系。

人际关系受到文化的制约，不同文化背景的群体人际观念不甚相同。有学者认为中国人的人际关系具有两个特点：以家庭为中心的社会关系和等级差别。中华传统文化注重人伦纲常、长幼有序，这也是高权力距离文化的根源。社会关系的建立是基于家庭模式的，在社会人际关系中，为了表示礼貌或拉近距离，中国人往往会按照对象不同的年龄和性别使用“爷爷”“奶奶”“叔叔”“伯伯”“某哥”“某姐”等去进行称呼。在交际过程中，人们会按照性别、年龄采取不同的对待方式。对待同辈往往比较轻松，对待长辈的态度往往比较敬重。而西方很多国家作为个人主义与低权力距离的国家，在人际关系上没有严格的等级差异，即使年龄相差很大，也可以平等地当作朋友相处。

二、跨文化视角下人际关系的信任和友谊

（一）跨文化视角下人际关系的信任

案例：社交马拉松带来的不适

S企业从美国派出一个高管团队来中国处理一个技术合作项目事宜。在此之前，中国团队已经前往美国协商，美国团队对工作进展感到非常满意，觉得中国团队很高效。到了中国后，中国团队对他们的到来表示非常欢迎，接待规模都很高。但是渐渐地，美国人发现之前那种高效沟通不存在了。美国人觉得自己一如既往的热情和耐心，尽可能在规定允许的情况提供中方需要的细节，以期尽快达成合作，但是他们感觉中国人从来不表达自己的看法。每到用餐时间，他们都感觉很难受，午餐需要耗费一个半小时，晚餐可以吃到深夜。虽然之前对此有所耳闻，但是亲身经历还是吓了一大跳。

美国人直言这些商务餐场合，就是社交马拉松，时间长得令人怀疑中方到底有没有把这次合作当作一回事。后来，经过了解还知道，前面去美国商谈的中国人也觉得有些难受。美国人时间安排得非常紧凑，用午餐的时间很短暂，立马步入主题，风格快准狠。这个项目最后合作成功，但他们直到在一次无意的培训课程上进行分享时才找到这种“不舒服”的根源。美国人认为中国人飞越几千公里来到美国，必须进行快节奏的沟通才对得起对方的宝贵时间。而中国人认为美国人千里迢迢而来，一定借助吃饭这个场合表示重视和尊敬，以便能在食物中建立起一种更深层次的、个人的亲密关系。后来经过培训建议，再次涉及类似的合作场景时，不同文化背景的工作人员首先会进行非正式的聚餐，要求氛围轻松，有利于私人沟通和交流，以作为“破冰活动”。

在该案例中，双方做法的出发点都是出于善意且有利于双方合作，但过程中

产生的“不舒服”为合作增加了一些不必要的曲折。从以往的案例中，对问题的切入角度为双方对人际关系的语境有不同的解读。人际关系的定义是人在群体中通过社会互动形成的人与人之间相互依存和相互联系的社会关系。作为重要的社会现象，人际关系是文化的基础组成部分之一。人与人的协商和对话都能缔结为关系，因此对关系的解释是可以从文化、社会、人际和心理等不同层面切入。人际关系能够体现人的心理距离和社会距离。信任是商业社会的基础要素之一。既然人与人之间的对话在相遇时能够造就关系，那么从人际关系这个概念上往前一步，就有了另外一个看待问题的角度——人们在交往中如何培育信任。在该案例中，很显然中美两个团队在获取对方信任的方式上完全不同。美国笃信高效专业，尊重对方的时间是获得中方信任的方式之一；而中国人则认为要建立起信任关系，需要以一种更深层次、更加私人的交流为前提。西方学者认为关系是中国人际关系中最为微妙的一个方面，它和人际关系有衔接，互相影响，但“关系”所蕴含的意义远远超过“人际关系”。

在美国，合作者要用工作业绩来证明你是一个可靠、心智正常和有能力的人。中国的商业文化则是以情感信任为代表，即合作双方在互惠的社会交换过程中所形成的一种深入的、稳定的社会关系。情感信任的特点是互惠互助，这有助于加强双方的情感交换，反过来又促进情感信任。在S企业这次合作开始，美方的工作准备就符合认知信任的特点，他们要用专业高效的印象来加强中方对他们的信任。在以认知信任为主的文化中，合作以工作为导向。信任是通过和商业有关的活动建立起来的。工作关系的建立和终止难度不大，主要是根据合作者的工作表现来决定的，所以在美国的商业习俗中要把理性和情感分开。混淆二者的人，会被合作者质疑为缺乏信心和专业度。而中国人在商业社会中以情感信任为主、认知信任为辅，能够建立起私人衔接的人，会让合作者觉得真诚有效。在以情感信任为主的文化中，合作以关系为导向。建立关系是一个长期的耗时过程，需要通过宴请、拜访等非正式社交场合来实现。所以，我们常常能看到一种情况，在外企客户关系主要是以公司声誉和实力做背书进行维护，在私企客户关系是以销售和客户之间的私人关系为维护基础，一旦销售换了雇主，其客户关系在很大程度上就会发生转移。过去几十年，西方商业习俗影响了中国，以认知信任和专业能力为特质的合作越来越多。随着中国在国际商业社会上的权重不断增加，带有浓郁中国风格的商业文化也在扩大其影响范围。

（二）跨文化视角下人际关系的友谊

友谊是所有文化都珍视的一种人际关系，因为人们可以从友谊中获得支持、帮助、精神安慰和归属感。然而，不同的文化对友谊的理解不同，处理友谊的方式也不同。

中国人民希望建立深厚持久的友谊，并期望这种友谊能持续终生。中国人认为最好的朋友是兄弟姐妹，保持亲密的关系，尽可能在生活的各个方面互相关心和帮助。而在个人主义文化中，人们更注重个人隐私和独立性，由于工作、住房频繁变动等客观条件，人们很难保持长久的友谊，所以人们的友谊是广泛的但并不深刻。中国人和美国人交流时，中国人常常抱怨与西方朋友的关系不够持久，分开后很少保持联系；另一方面，美国人认为中国朋友太热情，过于干涉他们的私生活。

对于中国人来说，朋友之间有一种强烈的情感纽带，这使彼此承担一种义务和责任。中国人注重友谊，有些人可以为友谊付出很大的努力。然而，在美国人眼里，友谊的内涵是情感而不是义务。美国人人际关系的主要目的是在保持个人独立性和逃避责任的同时，从社会交往中获得情感上的利益。

中国人交友的另一个特点是强调相似性。志趣相投往往是中国人建立友好关系的重要前提。中国人喜欢和家庭背景、职业、教育程度、爱好相似的人交朋友，朋友圈比较小。然而，在个人主义文化中，人们广泛地结交朋友。一个人往往有多个圈子的朋友。教授和木匠，年轻人和老年人可能会通过参加共同的活动成为朋友。因此，当美国人把刚认识几天的人称为朋友时，中国人往往会感到困惑。

第二节　跨文化交际视角下的交往习俗

一、交往的概念

由于“人”的社会性特征，因此“社会人”天生就有与他人交往的需要。交往，英语里称之为“communication”，也可以译为交际、交流、沟通、传播等。按照现代汉语的解释，交往、交流这些词语暗含了互动、相互作用以及影响的动态含义。事实上，无论人、组织还是国家之间的交往，能够相互理解，达成共识是最为理想的，也是跨文化交往的终极目标，因为人际关系为“社会人”基本的生存发展需要乃至高级的情感交换需求都提供了广阔的平台和实现手段，从而体现出“人”的社会属性特征。

交往无时无刻不存在于我们的生活之中，但是似乎人们又难于察觉到它的存在。人们不禁问道：到底什么是交往呢？简而言之，交往就是选择一个渠道把信息从信息发出方传递到信息接收方的过程。也就是说，交往这一过程，从信息发送方组织信息开始，到信息接收方的反馈结束，一共有八个步骤。这个过程的第一步便是信息发出者提出一个想法并准备向信息接收者传送。交往过程的第二步则是编码，这意味着将想法转换为可感知的形式，如报表、信函等形式。完成编码后，信息可以各种方式呈现，如口头、书面语形式，甚至非语言形式也可以作为信息传递的方式。然后，信息发出者将选择一种媒介或渠道将消息传送给接收方。准备好以上工作之后，下一步便是发送消息，信息发出者的责任也以这一步结束。接下来，信息接收者将接收到消息并开始对其进行解码。在这个层次上，为了有效地沟通，发送者和接收者有一个共同的理解或兴趣是非常重要的。交往过程中最后一步便是反馈。这一步对于交往而言是不可或缺的，因为它可以确保接收者正确接收并理解信息发出者提供的信息。通过对交往过程的剖析我们可以发现，正是由于交往这一互动形式的存在，个体也就顺理成章地完成了自身的社会化过程，逐步成为社会的“人”。

二、跨文化交往

当交往发生在不同文化群体的成员之间，就是跨文化交往。跨文化交际交往指的也就是交际的各方从属于不同的文化，各方意识到“他者”是“不同的”，也就是说，相互体会到对方是“陌异的”。在人际交往过程中，一切在本文化里看作再平常不过的事，在跨文化交往的视角下就将会受到重新审视。也就是说，某类文化成员对自我文化的认识是伴随着异质文化的介入而产生的，在与异质文化有了对比之后，对自我文化的认识才凸显出来。与此同时，每一类文化成员都有其独特的解读信息的方式。各种文化形式与内涵的不同也导致了交流方式的差异。文化间交流的差异主要与文化模式、语言和非语言代码、关系标准和社会角色以及社会认知有关。当不同文化之间的差异程度变得相对较大时，误会也就可能随之产生了，与此相伴随的是对如何能有效地进行沟通的期望。因此，跨文化交际中的信息交流过程将会更加困难。也就是说，跨文化交际是不同文化背景的人们为了满足自己的愿望而和与他人建立关系的过程，其最终目的就是达到相互交流、相互理解。

可见，如何对待文化差异所引起的文化冲突影响着文化间的联系，进而影响着文化的交往和相互理解。对于隶属于不同文化群体的文化成员而言，在跨文化交际的过程中如何对待文化差异和文化冲突是跨文化交往的核心议题之所在。而唯有正确看待和处理文化差异，才能为跨文化人际沟通的顺利开展保驾护航。

三、中西跨文化交往习俗

（一）邀请与预约

西方人对于个人生活的规划非常在意，也轻易不会发出邀请，如果发出邀请，通常是以非常正式的方式来邀请，也需要对方给出明确的回复。如果收到对方的邀约，在确定时间和地点之后，要确定自己是否能够应邀，并且应尽快告知对方以及对对方表示感谢。中国人有时候在去朋友家拜访不会提前通知，有可能直接拜访，也可能在即将出发或者到达的时候告诉对方。另外，当朋友邀请自己去家里做客时，中国拒绝的方式也很委婉，通常习惯不直接拒绝，而是说“到时候再定好吗”“如果有空一定来”。

拜访是指人们去亲戚、朋友、同事或陌生人的家或工作场所进行拜访的活动。一般来说，拜访有两种类型，可以分为官方访问和个人访问。前一个很正式，后一个没那么正式。跨文化活动要求人们入乡随俗，以保持彼此之间的友谊。在西方国家，当人们拜访别人时，他必须事先做好安排并通知别人，确保双方都方便，不告诉别人就去别人家是不礼貌的。那是因为西方人有相当好的时间观念，通常他们在做某件事之前会遵循他们的时间表。突然来访会打乱他们的计划。他们通常用间接的方式与他人讨论，如“好久不见了，我是否能去你家拜访你”“我想找个时间去拜访你。下周某个下午你有空吗？”“张先生，我想过来拜访您。我们星期三晚上来方便吗？”但在中国，当你去拜访某人时，你可能事先不会通知他或她。因为在中国人的观念中，如果你在拜访前预约，主人会为你准备很多食物和水果。这可能会给主人和客人都带来麻烦。拜访者可能会为给主人带来太多麻烦而感到抱歉。

在西方，当你去主人家做客时，你必须准时到达。在中国，人们可能会更早到达约定的地方，因为中国人可能认为让别人等他们不好。但是如上所述，西方人的日程安排得相当紧。在具体时间之前，他们可能会为参观做一些准备。当客人提前到达时，他们可能会为没有做好准备而感到遗憾。

当主人和客人谈话时，也有许多不同之处。在西方国家，最常见的话题是职业。你可以谈论职业、兴趣和其他关于工作的细节，但话题不能涉及薪水。在他们看来，这是隐私。你也可以谈论他们的房子、爱好、假期、旅行等。对西方人来说，最传统的话题是天气。他们可能会说："今天天气真好，不是吗？"或者"相当冷，不是吗？"

最后的拜访礼仪是离开。当客人打算离开时，他们可能会说："我想我最好现在就走。明天我必须早起。""我想我现在应该告辞了。我的保姆必须在 11 点离开。"或者"我想我现在必须走了。"主人可能会说"再见""回头见"等。这是一种相当普通的离开方式。

在中国，当主人听到客人想离开时，他们可能会劝他或她多待一段时间。当客人离开时，主人可以陪他们到门口或楼下。然后主人表示他们欢迎客人再次光临。客人回答一些友好的话，然后结束了这次访问。当人们举行一些正式的活动时，如庆祝活动、聚会、舞会或晚宴，他们会邀请其他人来维持关系，使社会工作发挥作用。不同的国家有不同的文化背景，不同的背景有不同的邀请习俗。

（二）致谢与道歉

向他人致谢是人们日常生活中一种重要的语言行为。它被认为是维持人与人之间关系的一种重要方式，可以改善人与人之间的关系。这是对他人的认可，也是人类文明的体现，因为不同国家文化环境的不同而不同。与中国人相比，西方国家的人对他人表达更多的感谢。对美国人来说，感谢可以用在很多情况下。在西方国家，尤其是说英语的国家，人们感谢别人的巨大帮助以及日常生活中的小事。如果你是商人，你可以感谢顾客购买你的商品；如果你是指导教师，你可能会感谢学生取得好成绩；如果你是一名旅行者，你可能会感谢陌生人给你指了正确的路。在大多数西方国家，向他人表示感谢是一种常见的现象，不仅是对领导、教师，也对家庭成员、父母或好朋友表示感谢。但是在中国，人们向别人表达感激之情时会感到害羞。当有人为他们做某事时，虽然他们很感动，但他们会说“你一定累了”而不是“谢谢”在他们心目中，说“谢谢”是一种疏远关系的表现。近年来，这种现象有所改善。中国人可能会对陌生人、朋友说“非常感谢”，但他们很少对家人说这句话。作为父母，他们可能认为照顾孩子是他们的责任，而作为孩子，他们可能认为可以做些事情来向父母表达感谢，而不是大声说出来。

在人们的日常生活中，人们因做错事或冒犯他人而向他人道歉是一种常见的现象。它不仅是一种教养行为，也是保持和谐关系的工具。虽然我们做错了事应该向别人道歉，但许多人仍然认为这是一种尴尬的行为。这是一种有损你面子的行为。在这方面，西方国家的人比中国人做得更好。在英语国家，根据采访的结果，有三种道歉方式。第一种是表示遗憾，如“对不起”“对此感到抱歉”“抱歉没有邀请你”；第二种是请求原谅，如“请原谅”“原谅我打喷嚏”；最后一种是道歉，比如“我道歉”“给你添了这么多麻烦，我必须道歉”“我发脾气必须道歉”等。在大多数西方国家，人们可能会为一些小事道歉。当他们穿过人群时，他们应该道歉；当他们打断别人的谈话时，他们可能会道歉；甚至当他们不得不打喷嚏时，他们也会道歉。但在中国，只有当人们做了真正错误的事情时，他们才可能向他人道歉。回答时道歉，他们可能会说“没什么”“没有理由道歉”和“没关系”等。

（三）见面

在西方正式场合见面时，通常会行握手礼、贴面礼、亲吻礼。在法国，脸颊碰一下并且有声音是正常的；在欧美上层社会还会行吻手礼，当然这个礼节只流行于上层社会。而在古代中国，见面时大多会行拱手礼，这是最具中国特色的见面问候礼仪。随着时代的发展进步，现代礼仪逐渐形成较统一的握手礼，但拱手礼仍在某些场合继续使用。即使同为握手礼，中西方也略有不同。中国人在正式场合拜访长辈、上级、地位较高者，或接待贵宾时，为表示对对方的尊重，行握手礼时上身会略微前倾，甚至双手相握，以表达对对方的敬重。但这种情形在西方却可能被误认为是不合时宜、过于卑微的。同时，中西方见面打招呼时的方式也各不相同。

（四）送礼和收礼差异

在西方国家和中国，送礼和收礼都是一种表现和谐关系的行为。在中国，有一句民间谚语叫作“礼尚往来”，这是中国文化习俗的重要组成部分。但是中国的送礼行为与西方国家的送礼行为有很大的不同。首先，在中国，人们更注重礼物的价值而不是礼物本身。一般来说，礼物越贵重，就表示越尊重对方。会尽力选择有价值的东西。但是在一些西方国家，人们尽量避免送昂贵的东西，因为这可能被认为是贿赂。给西方人送礼的目的是保持关系。对西方人来说，他们更看重礼物的包装。近年来，这种趋势在中国也很明显。

第二，在美国，当人们不知道该送什么给别人时，他们可能会问对方想要什么。送礼者可以买一些受礼者需要的东西，这样礼物就变得很有意义。当他们把礼物送给别人时，他们会尽力描述和赞美礼物。但在中国，这种行为可能会被视为不礼貌的行为。中国人通常私下准备礼物，当送礼物时，尽管他们花了很多的时间和金钱来准备，他们也可能对此只字不提。

第三，当人们收到礼物时，他们在中国的做法与西方国家的做法有很大不同。在我们的传统中，当人们收到礼物时，他们应该一再拒绝。收到礼物后，他们一般不当着送礼者的面打开礼物，而是把它们放起来，在送礼者离开后打开。但是对西方人来说，当他们收到礼物时，他们总是马上打开礼物，而且他们很少拒绝，因为他们认为这是一种不礼貌的行为。当人们打开礼物时，他们可能会说些赞美礼物的话，表达他们对礼物的喜爱。

（五）服饰礼仪

随着社会的更迭，人与人之间的交往活动越来越多，随之而来的礼仪规范也在不断增加，人们对于礼仪的定义就更加清晰了。服饰，就是说人们的着装与饰品。在现代社会，服饰拥有了更多的社会性功能。除了挡风御寒、美化人体外，它还可以体现出社会背景、情感状态、身份地位、经济状况等重要信息，已然成了一种社会符号。服饰，它不仅是体现着一种文化，更是一种文明。虽然在我们当今这个时代背景下，封建社会的礼教、等级制度等一系列要求已经被废除，但是社会对于服饰礼仪还是有很多要求规范需要我们去遵守。

在公共场合交际的人，自然需要穿戴得体，这是最基本的，不仅能提高个人的形象、气质和自信，也彰显了对他人的尊重。人们的穿衣要讲究不同的时间、地点和场合。

1. 时间因素

着装的时间原则，一般包括三个方面：一是顺应时代的变化，要顺应社会的发展、观念的变化；二是考虑季节的变化，随着气候变化，不同服饰的功能也不一样；三是 一天中白天、中午、晚上不同时间段服装的变化。

2. 地点因素

地点因素就是要考虑到该国家、地区的地理位置、风土人情、文化习俗还有开放程度等并与之相适应，尤其是要尊重有些国家的禁忌。除了大地点外，还要和小地点、小环境相适应，如在办公室就要正经、严肃一些；周末外出就可以随意一些，以舒适为主；平日居家时可以穿着随便，但是有客人来访时还是应该穿戴整齐。

3. 场合因素

着装的场合因素就是指服饰与所参与的活动性质、活动的氛围还有其他活动受邀者的身份相和谐，根据场合的不同更换不同的服饰。在具体的社交中，我们在挑选着装的款式、风格时，主要是为了贴合所面临的种种场合，这些场合总的来说可以分为三大类：公务场合、社交场合、休闲场合。前两者的公务、社交场合属于正式场合，而休闲场合属于非正式场合，自然就可以简便、随意一些。

第三节 跨文化交际视角下的公共礼仪

一、礼仪的概念

早在人类社会出现阶级之前，就已经有“礼”的相关概念了。《说文解字》里曾提到：“礼，履也，所以事神致福也；仪，度也。”礼就是古人为了“事神致福”而施行的一种规则。《礼记·曲礼》曰：“夫礼者所以定亲疏，决嫌疑，别同异，明是非也。”意思就是，在古代“礼”既可以判断人与人之间关系的亲近或疏远，辨别交往过程中的嫌疑，又能区分异同、辨明是非。由此看来，在古代，礼和仪实则是两个具有不同含义的字眼。“礼”具体指的是一种行为规则，是一种交往的方式，它是中华民族历来保留的一种思维方式。“礼仪”的由来是出自《诗经》“献酬交错，礼仪卒度”。中国古代的礼仪源于古人为祈福而进行的敬神祭祖的活动，要求人们怀着虔诚的心，把握好分寸，认真地去履行。到了现代社会，礼仪不再像古代那样注重烦琐的仪式或者祭祀的活动，而是侧重于使人们之间交往的行为更加规范化，以此加强彼此的人际关系，推动社会不断发展和进步。以个人的视角来看，礼仪是一个人自身修养的突出体现；以社会的视角来看，礼仪可以说是在人和人交往过程中使用的一种艺术，一种交流的手段和方式，充分表达人和人之间礼貌和尊敬的一种行为示范。

综上，礼仪是由于受到民间习俗、历史传统以及宗教信仰等多重因素的影响而形成的，既被人们认同，又被人们遵守，并且由于时代的变化和社会的进步而不断发展的社会全体公民都赞同且遵循的具体示范，以及这些规范背后的一些礼貌礼节或者仪式的综合体系。

二、礼仪的特征

（一）社会性

礼仪作为人与人交往的行为规范，是约束人们言行举止的道德标准，因而礼仪拥有社会性。礼仪文化与我们生活的社会环境息息相关，从个人到集体、从家庭到社会、从国内到国外，凡是有人的地方就有礼仪。个人与个人、单位与单位以及国家与国家之间都要遵循一定的、得到双方认可的规矩，说到底这些规矩就属于礼仪文化的范畴，礼仪的社会性也显而易见。只要与他人发生社会联系，就会被社会约定俗成的规范准则所限制，可以说人没有礼仪，就难以被社会接受。社会没有礼仪，小则失范，大则大乱。

（二）实践性

礼仪文化的出发点就是立足传统礼仪文化资源对人们在文明举止方面起到教化作用。礼仪文化教育是一个持续时间长、逐渐累积的过程，也是不断深化、持续推进的过程，不是一朝一夕能够完成的，需要全社会的努力和配合。就学校而言，要以国家出台的政策为导向，深刻领会文件精神，以中学各个学段的学生特点为参照标准，有序地、有层次地进行设置；要以和风细雨般的教学方法潜移默化地推进对中学生的传统礼仪文化教育。同时在教育过程中，一定要强调教育的实践性。不仅仅是单纯地向学生灌输传统礼仪文化知识，更多的是让学生在日常生活中应用传统礼仪文化知识，只有在躬行实践中才能深化学生对礼仪规范的领悟，即把学到的礼仪知识与实践密切结合，做到知行合一，做文明人，行文明事。

（三）时代性

礼仪文化源远流长，历朝历代都对传统礼仪文化的内涵有所增减，礼仪文化发展到现在，带有各个时代的烙印。从这个意义上讲，礼仪规范具有一定的延续性。另外，礼仪文化随时代的发展而发展，现代礼仪脱胎于古礼之中，虽与古礼有着千丝万缕的关系，但在内容和形式上都发生了很大的变化。对于一些落后、腐朽、不顺应社会发展的礼仪教育内容要及时调适，让学生接受新时代背景下急需的基本礼仪规范，形成良好的行为习惯。这就要求礼仪文化和礼仪文化教育必须与时俱进，适应时代发展的要求。因此，礼仪文化教育具有鲜明的时代性特征。

三、礼仪的内容

随着时代的变迁、社会的进步，人们也在不断提高自己的文明程度。礼仪跟随文明的步伐，既继承了中国古代礼仪的优良传统，又不断推陈出新，使内容更加完善合理。通常，礼仪包括以下内容。

（一）仪表

所谓仪表，即包括仪容、服饰等在内的人的外表。人的仪表在生活中很重要，能体现一个人的精神状态和礼仪，是人与人交往中的“第一形象”。毕竟只有少数人拥有美丽的外表，但人们可以通过妆容、发型、着装、配饰等手段，弥补和掩盖自身在外貌和造型上的不足，根据规范和个人条件，设计和塑造美好的个人形象。

（二）礼貌

礼貌是指人们在人际交往中的举止。一般来说，它包括口头语言、书面语言、态度和举止。礼貌的具体要求是热情、友好、尊重他人；礼貌大方；稳重、诚实、可靠。礼貌不仅简单直接地反映了人们的道德修养，也是人类文明行为的最基本要求。我们在与他人交流时，要面带微笑，适当使用礼貌语言，对他人要保持礼貌和尊重，同时要准确把握交流的分寸。

（三）礼节

所谓礼节，是指人们在日常生活中，尤其是在交际场合中常用的问候和慰问的形式。礼节体现了一个人的礼貌，具有形式化的特点。它指的是日常生活中的礼貌行为，如人们在日常生活中经常使用的微笑、敬语和问候语。礼节是社会外在文明的一个组成部分，它不仅反映了一定的道德原则，而且反映了人们对自己的尊重，在某种程度上外化了人们的精神之美。

当今世界的特点是多样化。由于生活环境不同，不同国家、不同民族、不同地区的人，他们的价值观、世界观、风俗习惯也不同，举止也不同。只有当人们知道各种礼节时，他们才能在工作和社交活动中避免不必要的错误。

（四）仪式

所谓仪式，即礼仪的正式形式，是在隆重场合举行的表示礼貌和尊重的活动。在社会交往或各种活动过程中，人们经常举行各种仪式来表示对某人或某事的重视。仪式是一种特定的礼仪形式，如成人礼、婚礼、开幕式、闭幕式、捐赠仪式等。

（五）礼俗

所谓礼俗，即民俗礼仪，是指各种风俗习惯，是礼仪的一种特殊形式。人们在生活、生产、社会交往等活动中所遵循的社会规则和道德规范，需要一定的方式和形式来表达。通过不断的传播，逐渐被人们认可，并遵循社会习俗，即风俗习惯。

四、中西礼仪思想

（一）中国礼仪思想

礼是中华优秀传统文化中独有的概念，作为中华优秀传统文化的核心，它的内涵也极为丰富。伴随历史的不断发展，礼的内涵也在不断地深化和拓展。礼是我国古代社会政治、伦理规范与礼仪的总和，中国自古以来就十分重视礼仪。早在西周时期，周公制礼作乐。《周礼》的出现，标志着礼仪文化从宗教转为法律，进而成为统治阶级的统治工具。《礼记 · 王制》曰:“司徒修六礼以节民性”。尊崇“六礼”这样的礼仪文化一直延续到春秋战国时期，一些诸侯随着自身实力的壮大，争权夺利的野心急速膨胀，僭越周礼的行为不断发生。各方的诸侯势力纷纷开始随意改动和否认，甚至预谋废弃周礼。因此，当时一大批先进的思想家开始尝试从日渐崩坏的礼仪制度里挽救出“礼”真正的内核。孔子、荀子就是这批思想家的代表。孔子有关礼的思想，是从“仁德”的角度出发的，他的“纳仁与礼”奠定了以仁德为本的礼仪文化。他一直强调“缺乏仁德，无以行礼”的思想观点。孔子提出的“忠信，礼之器也”“卑让，礼之宗也”都体现出孔子是要把伦理道德修养作为“礼”的重要内容来进行推行的。同时，孔子还提出，以“仁德”为本的礼仪的境界是达到大同社会。而后荀子在孔子的基础上，冲破周礼的藩篱，把“礼”作为人生哲学思想的核心，将“礼”视作个人最崇高的目标理想，他认为礼仪是一种过程，需要人们共同去遵循。僵化的周礼经过孔子的改造和完善，以及荀子的丰富和发展，已经形成了基本框架和核心内容。而后通过《三礼》的整理和诠释，传统礼学得到了进一步的系统化和规范化。到了宋代，儒家开始着重致力于民间礼俗的规范化，成就颇丰，如南宋朱熹在《书仪》的基础上撰写了《家礼》。而后，“礼”经过元明两个朝代的凋敝之后，于清初得以复兴，于乾、嘉趋于昌盛。中国传统礼仪文化中所蕴含的有关礼的思想都同当代礼仪教育的内容不谋而合，这为研究提供了坚实的理论基础。

（二）西方礼仪思想

1. 英国礼仪思想

当今社会，礼仪在世界上各个国家都具有举足轻重的地位。英国作为世界上较早实行礼仪教育的国度，其绅士教育思想一直以来都是各个国家争相学习的范例。绅士思想一经提出就在英国掀起了很大的波澜，众多思想家纷纷开始研究绅士思想，有学者认为绅士要拥有良好的德行，因为良好的美德是一个人精神上的宝藏，一个人的成长必须以良好的美德为基石，这是他能称之为绅士的首要前提。在英国，一个人从出生开始就要接受礼仪思想教育。在教学方法上，英国人主张孩子应该先被告知该做什么，然后通过不断的练习去取得成效。此外，培养孩子的良好礼仪需要为他提供良好的环境，因为模仿是儿童的本能，只有形成良好的礼仪氛围，耳濡目染中孩子就会跟随家长养成良好的礼仪习惯。在英国，家长很少过度宠爱孩子，比起过度的关心和呵护，家长们更在意孩子是否养成了独立的人格。他们对孩子严苛的要求对孩子的成长起到了至关重要的作用。

到了现代社会，英国的教育不管是学校还是家庭，依然沿袭着多年以前的绅士教育传统。可见，礼仪教育一直以来都是绅士教育的一项重要内容。英国绅士教育中的礼仪既源于骑士的传统，又受到宫廷教育的影响。在这么多年的发展过程中，绅士教育的内容不断丰富，并且不断地带来全新的要求。

2. 美国礼仪思想

美国作为一个年轻的移民国家，虽然没有悠久的历史，但是却汇聚了全世界丰富的文化。美国是一个注重自由和民主的国家，为了培养具备民主精神的合格公民，特别注重公民道德教育的发展，而从中延伸出的礼仪修养，是一个公民应有的基本素养。因此，礼仪思想教育在美国是渗透在公民教育之中，并且一定程度上服务于公民教育。

美国的公民教育相较于英国绅士教育有一些区别，其更倾向于是一种博雅教育，而礼仪教育在其中扮演着重要的角色。从古至今，在美国人的传统里，礼仪教育一直起到非常重要的作用。这一点在我国太平天国时期就有记载，太平天国领袖洪秀全认为美国“礼义富足，以其为最”，但是当时的美国才刚刚建国不到几十年的时间，这足以见得美国礼仪教育的传统起步较早且历史悠久。美国的礼仪教育主张自由平等。在美国，礼貌的行为并不单单是尊重长辈，它是整个社交过程中的行为规范，适用于人与人的日常交往。人们在平等的氛围下相处，每个人都是独立而平等的个体。在美国人眼中，平等是一切社会交往的前提和基础，讲文明、守礼仪是人际交往中不可或缺的重要法则。如在中国，一般学生对比自己年长的、德高望重的前辈或者教授都会尊称一声“某某教授”或是“某某老师”；但在美国，很多时候就算是数一数二的老前辈，也让学生直呼他的名字，这充分体现出美国礼仪教育中的平等观念。

美国的礼仪教育注重间接的渗透，他们把礼仪教育和公民教育互相融合。美国公民教育的目的是能够培养出一大批积极参与公民民主生活，热爱祖国，集体荣誉感强，对美国的民主制度和价值观极其了解的，同时具备优秀的道德素养和品质的优秀公民。此外，也要了解道德标准和伦理问题。在美国的学校里，没有专门开设一门礼仪课程，而是注重帮助学生解决现实问题，将礼仪规范渗透到每一门课程中，将公民教育间接渗透其中，从而达到培育优秀人才的目的。

3. 日本礼仪思想

在中华优秀传统文化中，儒家思想极其突出家庭伦理和社会伦理的重要地位。儒家先贤认为，人要自觉遵守道德，要以理服人、以礼待人，要培养良好的人际关系，要有责任感和担当精神。日本、韩国、新加坡三个国家作为深受儒家文化影响的东方国家，至今都延续着重视礼仪和道德教育的传统。日本礼仪教育的内容主要表现在以下两个方面。

第一，日本非常重视礼节。众所周知，礼仪包括礼节和仪式。人的日常行为如鞠躬、抱拳等都是礼节的体现。在日本，鞠躬是一项较为重要的礼节。父母在教育孩子为何鞠躬、怎样鞠躬的过程中，也同时在对他们进行礼节教育。日本的学校专门设立了“礼仪课”，甚至配备专门的礼仪训练室，进行专门的礼仪教育时教师会穿上和服，对学生逐一进行指导。除了基本的礼节，日本也有很好的餐桌礼仪。日本人用餐前都会双手合十，并说一句“我要开动了”，以表示对主人的感谢。此外，日本还特别注重仪式感。日本的学校非常重视开学典礼和毕业典礼，并且每个人都要着正装参加仪式。

第二，日本非常重视感恩教育。在日本，礼仪教育不仅仅体现在礼仪行为，更为重要的是一个人感恩之心的体现。日本礼仪教育的成功很大程度上是因为感恩教育的成功。当人们真正了解了感恩的含义，礼仪则是一个心理外化出来的表现。

4. 韩国礼仪思想

韩国作为“亚洲四小龙”之一，随着政治经济的不断发展，加之工业化进程的不断推进，一度创造了“汉江奇迹”的伟大壮举。韩国能创造这样的成就，究其原因，除了韩国政府采取积极调控经济发展的战略决策、维护市场秩序等基本举措之外，更为重要的是政府对教育的重视。在潜移默化中，韩国受到儒家传统思想的熏陶，其民族精神和日常生活秩序都有厚重的儒家文化的影子。韩国的礼仪教育主要集中在社会教育、学校教育、家庭教育三个方面，三方合力增强教育成效。在社会礼仪教育方面，由于深受儒家文化的影响，韩国崇尚儒教和礼节。韩国当局为了充分彰显儒家特色文化，花重金建造了著名的陶山书院，而后又增设了相关的文化机构并加强了相应的基础设施。

另外，随着经济社会的发展，韩国在1988年进行了第六次教改，其中着重强调了“国民精神教育”的目标。在学校礼仪教育方面，从1973年开始，韩国在各级学校开设礼仪相关的课程，这些课程涉及从小学、初中到大学的各个方面，在对学生进行礼仪教育的过程中起到了至关重要的作用。此外，学校还特别重视礼仪养成教育，它要求学生身体力行地反映在具体的学习生活的实践当中。为此，韩国学校特别设立了相关的礼节室，其目的是方便学生在教室里对日常生活的场景进行演练模拟。在家庭礼仪教育方面，韩国强调在孝道、和谐、为他人着想等方面进行教育。

五、中西公共礼仪文化

（一）排队

排队作为公共礼仪的一部分，必不可少，违反这个公共礼仪会引起人们的不满。然而，不同的文化对排队有不同的看法。西方人对排队很严格，对不排队的现象反应特别强烈；中国人对排队的要求比较灵活，认为在某些场合没有必要排队。因此，在跨文化交流中经常发生误解和摩擦，导致一些西方人对中国人有不遵守公共秩序和文明素质低的负面印象。可以说，排队习惯的差异是跨文化交际中产生误解的重要原因。在中国人看来，不用排队就可以简单地问事情，不用走程序，所以在银行、机场、邮局等地方，经常会有人直接去问事情，服务人员会一边为别人办理手续，一边回答他们的问题。在西方人看来，无论是询问还是办理手续都必须排队，因为他们认为一次只能服务一个人，不能同时服务几个人。这也能体现出多次文化和单次文化的区别。另一个跨文化的误解是公共厕所的排队方式。在中国，人们倾向于直接在每个厕所门口排队，而不是在浴室门口排队。很多外国人会误解中国人的这种排队方式，觉得违反了先到先得的原则。

（二）问候和礼貌语差异

问候有两种形式：口头问候和非口头问候。口头问候包括五类：祝愿、关心、交谈、讲话和赞美。问候可以被视为我们日常生活中最常见的礼仪。中国和其他西方国家在这方面有很多不同。虽然这是一件非常小的事情，但它可以显示两种文化之间的巨大差异。在中国，当两个熟人见面时，他们总是说“你吃过饭了吗？”“你要去哪里？”或者“你今天没上班吗？”，诸如此类。这些是中国最普通的问候别人的方式，但是如果你用这些话来问候外国人，他们一定会感到不适。他们一定觉得奇怪，为什么你问他们这些问题，有时这可能会引起误解。其中一位名叫C的受访者在接受采访时说：“当我第一次来到美国时，我在街上遇到一些熟悉的人时，我几乎不敢和别人打招呼。我知道两个国家之间有很多不同，但我不知道在那个时候说什么合适。当我在街上遇到我的老师时，我通常想问他吃饭了没有，你知道，这在我们国家是很正常的。我们问这个问题不是为了知道他吃饭了没有，我们只是想问候他。”另一位同样来自美国的受访者R说：“当我在街上遇到我的上司时，他通常会问我：‘你好吗？’那时候我真的不知道该说什么来回应他。从他们的回答中，问候语的不同很容易呈现出来。因为在西方，这些词意味着需要回答的真正的问题。他们不能把它当作问候。例如，如果一个中国人问西方人：“你吃过饭了吗？”中国人的意思只是问候他。但是对西方人来说，他可能认为你是在邀请他一起吃饭，所以打完招呼后，西方人会觉得很困惑。他不明白如果你不请我一起吃饭，你为什么要问我吃不吃东西。

另一个例子：当一个中国人问一个西方人“你去哪里？”他可能并不是想知道答案，只是为了避免尴尬。但是对西方人来说，这可能会引起反感。因为这可能侵犯了他们的隐私，他可能会认为“跟你没关系”，所以在西方国家，当两个熟人相遇时，他们只是说“嗨”“你好”“早上好”“你好吗？”诸如此类。当两个陌生人相遇时，他们通常会说：“您好！”当他们遇到老朋友时，可能会谈论一些像天气、交通、心情的话题，因为这与他们的隐私无关。礼貌是友好关系的关键，它可以显示对他人的尊重。所以在日常生活中，尤其是在社交场合，人们恰当地使用礼貌用语是非常必要的。礼貌不仅可以表达对他人的尊重，也可以显示一个人的修养。因此，使用更多的礼貌用语不仅有利于双方的和谐，而且有助于交流。礼貌包括很多表达方式，如请、谢谢、对不起等。

许多西方人习惯使用礼貌用语。他们广泛使用感谢，这个表达可以用在上司和下属之间、同事之间、店员和顾客之间、夫妻之间、父母和孩子之间，没有这些表达的话可能会被认为是不礼貌的。所以对西方人来说，使用礼貌是一种正确的现象。但是中国人过去羞于表达他们的感谢，他们认为做一些有用的事情比说漂亮话更好。即使他们不说，对方也能知道他们的感谢。一位从澳大利亚回来的留学生受访者说："澳大利亚人经常说谢谢。有时当我做一些小事帮助他们时，他们会对我说谢谢。甚至当我什么都不做的时候，他们也会对我说这句话。"虽然中国人现在对自己的行为比以前有了更高的敏感度，他们通常会对帮助他们的人说谢谢，但是，与澳大利亚人相比，中国人使用的"谢谢"的频率还是不高。

案例 1：一位俄罗斯留学生和他公寓门口的保安发生了如下对话。

俄罗斯人：你好。

保安：你好！买了这么多东西，都买了什么啊？

俄罗斯人：啊？（打开了自己的购物袋），你看，这是西红柿，这是鸡蛋，这是……

保安：还真给我看啊。

案例 2：汉语老师上完汉语课后与自己学生的对话。

美国学生：老师再见。

中国教师：这节课上得很辛苦吧？

美国学生：一点都不辛苦，这是我的任务。

案例分析，案例 1 中俄罗斯留学生没有理解中国保安"都买了什么啊？"这样一句"问候"语的深层含义，将"问候"当成"问题"，误以为保安真的想要看其买的东西。案例 2 是美国的学生在上完课之后，走出教室和中国老师见面时打招呼的对话。中国老师按照中文表达方式进行问候，很显然，美国学生将中国老师的问候当成了一个提问进行了回答。这个例子正是中美文化在问候语差别上的表现。英语母语者常用的问候语是"Hi！""Good morning！""Lovely weather，isn't it？"等，这些通常都是恰当的问候。但在汉语中，通常会以"吃了吗？"等作为问候语。汉语中，问候的方式是灵活多样的。对于是"问题"还是"问候"这一点上，中国人和美国人有所差别。美国人和中国人喜欢问不一样的问题，美国人喜欢问"How are you？""How is your family？""How is your weekend？""How is China？"，并不是他们特别在乎你最近怎么样，这是表达礼貌的一种问候，而并不是真实存在的问题。中国人喜欢问"你吃饭了吗？"，但实际上这样问，并不是问题的提出者想要邀请信息接收者吃饭，如果回答为"我还没有吃饭"，中国人会接着问"你怎么还没有吃饭？""快去吃饭"实际这样的问题同样也是一种问候，并不是想邀请吃饭的意思。这对于汉语初学者来说，往往会使其感到非常困惑，因为如果美国人问“你吃饭了吗？”，通常指他们想知道能不能带着你一块去吃饭。同样，中国人还会经常将“你去哪里？”“生意好吗？”当作是问候语。

（三）餐桌礼仪差距

中国在与西方进行跨文化交际时，时常会出现令双方都感到迷惑和不解的情景，不解对方为什么会这么想，而实际上，即使是中国人自己在进行日常交流时，也常会存在这个问题。即使在同一文化下，男女交际或者长幼交际中也时常会因为思想经历的不同而对表达出的意思有所误解，这是因为人们通常都喜欢以自己的思想和经历去解释对方所表达的意思，而人与人之间总会存在着或大或小的差异，在国际上便是以自己固有的文化背景和习俗知识去进行文化交际，但跨文化交际中的文化差异是无处不在的，由此而产生的误解和冲突便是不可避免的。但须知，人与人之间是不同的，更何况是隔着不同国家的不同文化背景。

在国际交流中，宴请宾客是一种很有效且友好的交际方式，所有的文化礼仪都得以在餐桌上显现，而各国的美食也会缓和人际交往的压力，因此相互了解彼此的餐桌礼仪便成为很重要的一点。因为中西方的餐桌礼仪在饮食的习惯观念、就餐话语及所喜欢的餐桌氛围都是很不一样的，单从餐桌座序问题便能看出其差异性来，而中西方餐桌礼仪的差异必定会影响跨文化交际的效果，故此首先应当提升自己对文化差异性的认知及对文化的认同，其次应当了解他国文化，才能包容，也不会因为唐突而失礼，不会由于误解而产生冲突，导致跨文化交际的失败。

第四节　跨文化交际视角下的商务礼仪

一、商务礼仪的概念

近年来，基于商业活动全球化及人才竞争激烈化的发展趋势，商务礼仪在人才培养及竞争力提升方面发挥着越来越重要的作用。其是依据礼仪适用对象的不同而产生的一个分支，是指人们在商务活动中，用于维护企业和个人形象，对交往对象表示尊敬和友善的行为规范和惯例。与其他礼仪相比，商务礼仪具有自身明显的特征，如规范性、技巧性、针对性等。具体来讲，商务礼仪的规范性，是一种道德、舆论、习惯的约束，其不具备强制性，主要是基于个人修养的自我控制，体现在客人优先方面，体现出了一种“以人为本”的交际思想。而商务礼仪的技巧性，主要是指要讲究商务活动交往中的方式、方法，待人接物应注意的事项，要注重语言技巧、社交技巧。商务礼仪的针对性，则主要表现为因人而异，要区分交流的对象，应尊重对方的生活习惯、民族风俗、宗教信仰、文化等。

二、中西方商务礼仪的差异

在一般商务活动中，如何进行恰当的问候，如何进行有效的商务谈判，以及如何撰写商务文书等，处处体现出商务礼仪在其中的至关重要的作用，对于构建和谐的商务交往关系和商务合作起着至关重要的作用。由于中西方文化在社会风俗习惯方面的不同，人们在进行商务问候、谈判和文书写作内容上存在着很大的差异。下面从高低语境理论角度分析中西方商务礼仪在问候礼仪、商务谈判礼仪、商务饮食宴会礼仪、商务信函礼仪中的差异。

（一）问候礼仪的差异

问候语作为交际语言的重要组成部分，在人际交往的早期起着非常重要的作用。问候语是一种礼仪行为，是个人素质的体现，也是礼貌用语的一部分。双方的身份、地位、角色以及亲疏关系可以通过问候内容和方式被确定。

1. 称呼的差异

中国的称谓具有“不对等性”，而西方的称谓则具有“对等性”。中国受五千年传统封建文化和君本主义思想的影响，下属对上司不可以直呼其名字，晚辈对长辈也不可以称呼其名字，学生对老师也不可以直呼其名等，要称呼某某主任、某某阿姨，某某老师等；而领导对员工、长辈对晚辈则可以直呼其名，有时为了表示关心，还可在其姓前加一个“小”字，比如小张、小王、小李等。但在英国家庭成员之间无论年纪大小，都可以用“你”称呼。英语国家中，常有这样几个传统称呼，比如，博士（Doc.）、医生(Doc.)、法官(Judge)、教授(Prof.)，可以加头衔，对“王主任”“赵师傅”“李局长”之类的称呼是无法容忍的，觉得是不礼貌的行为。因此，在中西方交际时一定注意称呼上的差异，在商务活动中更应该注意称呼差异导致的文化冲突。

2. 问候的内容

中国人见面问候的内容往往是“家长里短”的亲密的问候，西方人见面的内容是“谈天说地”的问候。在中国，不熟悉的朋友可以是微笑或者点头问候。对上了年纪的人和非常熟悉的朋友，会说：“上班啊？”“吃了吗？”“去哪呀？”“最近咋样？”等，体现了朋友之间的一种亲切感。其实这些问候的目的仅仅只是打招呼，并不是真正想知道对方在做什么，想去干什么。这就是很明显的高语境文化中人们之间问候的方式——：“顾左右而言他”。然而西方人比较看重个人隐私保密性，当面对这种中国式的问候时，会觉得对方想插手其隐私，觉得非常对方很没有礼貌，缺少教养，非常反感。西方人通常见面谈论天气和近况。例如，因为英国的天气变化无常，特别是伦敦的天气，有时在上午很晴朗，下午就会阴雨交加，所以英国人外出经常带雨伞，这就使得人们见面有时会说“It is a fine day, isn’t it？”或者问“How are you？”，这个例子表现在西方人低语境文化中，人们的语言直接而简单。所以，在商务活动时，不需要过多的客套和寒暄，类似“吃了吗？”等问题在商务场合显得不合时宜。见面可以直接问候对方“您好”“早上好”“见到你很高兴”“晚安”即可。

3. 恭维与赞美

中西方在赞美的言语行为上存在着明显的差异。西方人当听到别人的赞美时，通常表示感谢和认同，认为这样做是对别人鉴赏力的尊重和肯定。有些人喜欢在问候的同时恭维一下对方。但中国人对他人的赞美往往用自贬方式，以示谦逊。例如，曾经有一位美国女士在一次商务活动中夸奖中国一位女士的发型很漂亮。见面问候之后，她说，“Your hair style is beautiful.”。说话者只是简单地表达对发型的评价，但是根据中国人高语境氛围，女士虽然很高兴，但仍然会谦虚地说：“哪里，哪里。过奖了。”美国女士听后不知如何回应，觉得自己眼光有问题或是恭维错了，造成双方的尴尬局面。其实很简单的话语，在美国只需要回答“Thank you”即可，可是根据中国高语境文化，受传统思想影响较深的中国女士，一定会谦逊一下，如美国人喜欢直接表达自己的想法，而中国人则喜欢用含蓄的方式表达自己的想法。在沟通时中国人往往过多考虑对方的感觉和面子，喜欢把自己真实的想法婉转含蓄地表达出来。下面是一个沟通时产生误解的例子。

案例：一位在美国参加商务活动的中国某公司谈判代表，在和美方讨论合作方案后，想利用等待合同签署期间，去纽约逛逛，想让美方派人陪同。因为之前没提出，只是临时想法，碍于面子不好意思直接说，而对方受低语境文化的影响，不善于听出对方话语中的“弦外之音”，结果事与愿违。以下是他们的对话。

中方代表：这个周末我想去纽约玩玩。

美方代表：好呀！合同大约下周出来，可以放松一下。

中方代表：(想让对方主动提出可以陪同）纽约好大。

美方代表：(没说让我陪同，看来不需要）是的，祝你玩得开心！

中方代表：(看来没打算陪同）好的，谢谢。

案例分析：这段对话就是中西方高低语境文化的差异在具体生活中的对话的最好表现。中国人和美国人都按自己生活的文化背景去考虑对方的意思。美国朋友没有感受到中国人的弦外之音，缺少默契。在社会交往中，中国人往往注重面子，不善于提出直接要求。但是，生活在低语境中的美国人认为主动提供帮助似乎是不称职的，会妨碍他人。这样会最终导致中西方由于文化语境不同而使沟通不畅快，从而导致交际失败。

谦逊是中华民族由来已久的一种美德。儒家思想讲求中庸之道，倡导人们对人要仁爱、做人要谦逊、遇事要忍让，所以，对待凡事，当谦让一二，以表现自己的大度，高风亮节。中国人当受到赞美和夸奖时常常会说“过奖了”“惭愧惭愧”“差远啦”等词，用来表示自己的谦虚；以美国为代表的西方文化受到文艺复兴、启蒙运动、资产阶级革命的影响，宣扬人的独立意志、人的能力，他们讲求自我表现，所以，当受到别人称赞时，他们把这理解为他人对自己能力的一种认可，理应欣然接受。因此，当西方人面对别人的赞扬和夸奖时，他们常常用“谢谢”来表示他们欣然接受对方的好意，对对方表示肯定。

（二）商务谈判礼仪的差异

商务谈判是在商品社会经济条件下产生和发展起来的，是买卖双方为了促成交易而进行的一种商务活动。它是解决当事人之间的商务纠纷，取得自身经济利益的一种方法和手段。不同文化背景的人们对谈判目标有着不同的期望值，如美国和其他一些低语境文化国家的谈判者的期望值建立在双方达成的协议和签署的合同上。西方国家认为每次商务活动都应该确定好谈判内容，协议的签署，双方的权利和义务。因此，可以说低语境文化是一种任务驱动型文化。相反，中国人受儒家文化的影响深远，认为建立起和谐的长远的合作关系比签署协议更为重要。可以说，高语境文化是一种典型的情感驱动型文化。中西方商务谈判礼仪的差异表现在以下几方面。

1. 语言方式

语言方式可以直截了当，抑或委婉含蓄。霍尔认为，中美两国在语言行为上的差异主要集中在话语的直接性和间接性上。美国属于低语境文化，注重简单和直接的沟通，往往直言不讳。西方文化中认为沉默是逃避责任，意味着谈判出现问题，甚至中断谈判。在谈判过程中，他们倾向于对这个问题做出明确的回答，不管他们是同意还是反对。中国人的性格含蓄而内敛，不善于直接表露自己的情感。沟通方式比较隐晦、含蓄，这就要求信息接收者必须具有很强的文化敏感度，很强的理解话外之音、深层分析言语内在含义的能力。中国人认为沉默也同样是在交流，适当的停顿和沉默是在给对方思考的时间和理解话语隐含意思的时间，如“此时无声胜有声”。因此，根据高语境文化的特征，在谈判过程中，适当地保持沉默是值得称赞的行为，可以体现出高语境谈判者的机智和圆滑，有时谈判者会运用适当的肢体语言配合表达。中国人在表示拒绝或者否定的态度时，言语中也会使用大量的委婉语气，高语境文化中，人们通常认为不直接表示反对和拒绝，是对对方的尊重，有利于稳固和谐的人际关系。

2. 谈判风格

谈判风格严谨或弹性，很多时候，在时间观念差异和谈判策略和方式差异上，也会表现出不同的文化背景。低语境文化谈判者通常时间观念比较强，严格遵守时间安排，除非是对效益有影响或是不可抗拒的外力所导致的事件发生，才可以更改时间安排。对谈判的每个环节都是高度集中、高速高效的。而高语境文化的谈判者认为时间是灵活的，通过零碎时间可以帮助我们更好地了解对方，建立良好的合作关系。如果第一个问题还没有完全解决，第二个问题就不会谈了，必须逐一解决才能完成整个协议。中国人喜欢从各个方面去探讨问题，从整体去分析和衡量问题的重要性，同一时间讨论几个相互有关系的问题。我们来看一个案例。

案例：有两位美国客户到一家中国的腭服装公司进行参观。由于谈判中途到了午饭时间，中方副总经理很有礼貌地问：“这是午饭时间。您想去吃午饭吗？”

由于提前了解了彼此的文化，中国人知道美国人更直接，所以他问是否先吃午饭。而美国地回答说："不是很饿，随便。"其实，美国客户在这个时间已经饿了，但是知道中国人善于含蓄委婉，只好说"随便"。话一说出，中方了解美国人直接的表达方式，真的以为美国客户不饿，不想进餐，所以，美国客户只好饿着肚子跟着中方人员参观了服装工厂的每个车间。在参观一个车间的时候，其中一个美国客户看到了一张英文字母拼写有错误的宣传海报，于是当场毫无顾忌就说："那个海报的英文都写错了。"中方副总经理听后很尴尬，对美方表示很不满意，觉得美方客户不给他面子。参观之后，到了价格谈判的阶段。美国客户秉承一贯直接的谈判风格，直接就问他们的订单，中方能够给多少折扣。中方谈判者发现了美方的直接表达的风格和缺乏耐心的性格特征，故意提出一堆影响价格的因素，并没有直接给出最低价格，也没有直接回答美方提出的折扣问题。谈判持续了大概 40 分钟后，其中一位美国客户已经不耐烦到了极点，起身说："如果贵方不能给出最多的折扣的话，我们就去其他公司了。"中方打算用个缓兵之计，决定先和美方客户去吃饭。在吃饭的时候中方的几位谈判者故意敬了那两个美国客户很多酒，虽然期间美国客户一直在问产品最低价格，但是中方始终没有给出正面回答，只是一直敬酒和吃饭，直到双方都醉了才回到宾馆。第二天，美国客户准备出发之前，收到了来自中方发来的有关价格折扣的邮件。美方客户虽然不明其故，但还是很高兴地签约了。

案例分析：从上面的商务谈判案例，我们可以看到，由于中美思维方式的差异，所以导致在谈判的过程中发生了一些误解。其一，虽然双方都事先在各自文化差异和表达方式上做了一些功课，所以美方客户在回答吃饭问题时，用中方高语境的委婉表达方式进行回答，原本认为中方会邀请他们共进午餐，然而中方却以为美方低语境表达方式已经直接表明他们的真实意思了，所以就没有请他们吃午饭。美国客户受低语境文化影响，习惯直接表述方式，当众直接指出英文字母的拼写错误，完全没有顾及中方经理的面子，没有了解中国人爱面子的特点，令场面十分尴尬。其二，在谈判阶段，中方谈判人员抓住美国客户善于直接表达和缺乏耐心的特点，知道美国客户急于合作的意向，但是为了保全颜面，邀请美方客户进餐，中国人习惯在传统的饭局上进行谈判。在商务谈判中，低语境文化喜欢直接表达自己的想法，其好处是语言直接明了，是非分明，让听者无需猜测，直接明白，省时间，提高效率。但是弊端在于：直接表达而不顾及对方感受，会让对方感到很强的攻击性和争辩性，容易伤害到他人面子，往往会使谈判陷入僵局，导致谈判失败。高语境文化的人善于委婉的表达方式，其好处在于：委婉圆滑，让人觉得对方为自己着想，顾及对方的颜面，让彼此在和谐的气氛中谈判，感觉很舒服，对于敏感的话题可以留有回旋余地。即使是谈判中遇到尴尬局面，也会让双方都有台阶下。但是间接表达的弊端是会让低语境文化的外国人感到不适应，他们无法真正理解高语境文化人们的真实想法。

（三）商务饮食宴会礼仪的差异

中西方饮食文化的差异，导致双方在饮食宴会上的商务礼仪习惯差别很大，主要体现在三个方面：一是座位的差异。我国的宴会座位礼仪习惯是以门为定位，通常面向门的位置是主人位置，主位的右手位置为第一主宾，左手位置为第二主宾。通常主位正对面的位置为副陪，其左右位置分别为第三主宾和第四主宾，其他宾客依次就座；而西方的商务礼仪座位并不依据方位而定，而是通常在主人确定座位之后，距离主人越近的位置身份越尊贵。二是使用餐具的差异。众所周知，西方习惯使用刀叉，通常情况下，不同的菜品所需的刀叉也有所不同；而我国的餐具是筷子。三是菜系上的差异。我国的菜系主要分为川、鲁、粤、淮、扬五大菜系，在此基础上演化出了其他菜系。由于我国是个多民族国家，有的民族还有特殊的饮食习惯，不同宗教信仰的饮食习惯也需要注意。

（四）商务信函礼仪的差异

随着国际交流活动的增多，商务信函是企业之间相互沟通的一种手段，在商务交易时起着非常关键的作用。商务信函作为一种比较正式的书面语体，常用来联系业务、进行商务谈判等。然而，中国和一些西方国家在商业信函的写作内容强调重点方面和具体行文格式方面存在很大差异，这其中的文化差异体现得尤为明显。如果没有事先考虑对方文化语境的话，势必会引起误解和分歧，甚至可能导致商务交际的失败。因此，在商务信函写作中，我们必须时刻注意文化因素的影响。

首先，中英文商务信函的称谓不同。在商务信函中，中国人受儒家思想的影响，习惯了“长幼尊卑”，人们通常用职位称呼对方，如王局长、丁总等。即使你不知道他人的职位，你可以称对方某某先生／女士。一些西方国家，尤其是美国，非常关注个人价值的体现，重视人人平等，交际中倾向于使用一些非正式、轻松自然的交流方式。无论是谈话还是书信，通常直呼对方姓名不加任何头衔称谓，通常也不会带有职位称呼，常用如 Dear Jane、Dear Peter 等，美国人意识中认为这样称呼对方比较亲切。

其次，商务信函是一种用于商务活动的正式文体，行文中语言表述要完整而严谨。中国是典型的高语境文化，集体主义观念深入人心，这就使得人们十分注重人与人之间良好又和谐的关系，注重等级观念。因此，在商务信函中，人们经常使用头衔称呼对方，文章的内容多用一些书面正式的词语或四字成语来写作，以表达对收信人的尊敬，同时可以恰到好处地体现自身的文化修养。此外，中国人很少注意句式问题。汉语的句子句式比较松散，没有固定的结构，主语经常被省略，甚至用动词或者形容词来代替。中国是高语境文化，大部分信息依赖于沟通时所处语境和文化背景，隐含意思比较多。因此，有着共同文化背景和相同语境的人才能够精准地理解写信人的真实意图，如“拟采用贵教研室的《国际商务信函写作》一书为本校教材，若能应函交易，请速回复”。这句话有三个短句，但缺少主语，读过之后丝毫没有影响读者准确地理解这句话的意思。前一句的主语应该是寄信的人，第二句和第三句主语是收信人，也就是出版社。三个句子之间没用使用任何关联词，这一点比较符合汉语句式的形式，因为中国人不太注意句子的形式，注重从整体上把握。然而，汉语的这种句式结构在英语中是绝对不可以的。英语句子中必须有主语和谓语，才能表达完整的意思。说话人必须通过句子结构清楚地表达信息，他们习惯于通过语言字面意思直接清楚地表达意思，因而英语书信中经常出现连词，表达时尽量不会让对方产生误会。

参 考 文 献

[1] 阮桂君．跨文化交际与实践[M]. 武汉：武汉大学出版社，2017.

[2] 王晖．中国文化与跨文化交际[M]. 北京：商务印书馆，2017.

[3] 隋虹．跨文化交际：理论与实践[M]. 武汉：武汉大学出版社，2018.

[4] 尹凤先．跨文化传播教育研究[M]. 北京：九州出版社，2018.

[5] 王君．跨文化中西交流[M]. 上海：上海交通大学出版社，2018.

[6] 戴晓东．跨文化能力研究[M]. 北京：外语教学与研究出版社，2018.

[7] 孙有中，王俊菊．跨文化教育与人类命运共同体构建[M]. 北京：外语教学与研究出版社，2019.

[8] 黄净．跨文化交际与翻译技能[M]. 天津：天津大学出版社，2019.

[9] 曾利娟．文化差异与跨文化交际[M]. 北京：中国铁道出版社，2019.

[10] 伏力．跨文化商务沟通与管理案例分析[M]. 北京：对外经济贸易大学出版社，2019.

[11] 姚晓盈．跨文化传播理论研究[M]. 北京：中国书籍出版社，2019.

[12] 王朝晖．跨文化管理概论[M]. 北京：机械工业出版社，2020.

[13] 范燕华，米锦平．跨文化交际研究与翻译行为策略[M]. 重庆：重庆大学出版社，2020.

[14] 郭威．跨文化交流学视角下的公共外交研究[M]. 武汉：武汉大学出版社，2022.

[15] 蔡静．跨文化交际中的文化自信研究[M]. 北京：新华出版社，2022.

[16] 马文杰，苏勇．跨文化管理沟通[M]. 上海：复旦大学出版社，2022.

[17] 何盼盼．跨国公司中跨文化沟通的挑战与应对策略[J]. 江苏商论，2021，(8)：103–105.

[18] 黄琳．外语教学中跨文化交际能力培养分析[J]. 江西电力职业技术学院学报，2021，34（6）：32–33.

[19] 仰少博．基于翻转课堂理念的跨文化交际课程建设研究与实践 [J]. 铜陵职业技术学院学报，2021，20（2）：80–86.

[20] 李光敏．跨文化交际课程中的中国文化定位研究 [J]. 长春师范大学学报，2021，40（5）：160–164.

[21] 彭悦，陈丽华．社会生态学视域下大学生跨文化思辨能力培养路径的研究和展望 [J]. 黑龙江教育（高教研究与评估），2021（5）：64–66.

[22] 程艳芳．跨文化交际中文化移情能力的培养研究 [J]. 理论观察，2021（5）：127–129.

[23] 邹丹．混合式教学模式在跨文化能力培养过程中的应用 [J]. 海外英语，2021（9）：89–90.

[24] 陆美辰．“一带一路”背景下高校跨文化交际课程教学改革探究 [J]. 大学教育，2021（5）：32–35.

[25] 胡芳毅，李宝斌．雨课堂提升大学生跨文化适应能力研究 [J]. 中国多媒体与网络教学学报（上旬刊），2021（4）：43–45.